Angst überwinden

Herausgeber:
Dr. Gerd Hennenhofer

Buchentwicklung:
Dipl.-Psych. Klaus D. Heil (Gesamtleitung)
H. Uwe Jaensch (Text)
Gunter Franke (Grafische Gestaltung)

Wissenschaftliche Beratung:
Prof. Dr. Lilo Süllwold

Ein Team-Buch des
Schönberger Instituts
für Programmierte Instruktion

Angst überwinden

Selbstbefreiung durch Verhaltenstraining

Deutsche Verlags-Anstalt, Stuttgart

ISBN 3 421 02324 7

Satz und Druck: Buch- und Offsetdruckerei Georg Wagner, Nördlingen
Bindearbeiten: Deutsche Verlags-Anstalt GmbH, Grafischer Großbetrieb, Stuttgart
Printed in Germany

5678940 73 4321

Vorwort

Angst ist zu einer Zeitkrankheit geworden. Millionen Menschen leiden an Ängsten – viele bewußt, die meisten jedoch, ohne es sich einzugestehen. Sie leben unter Streß und Spannungen, die zu Angst führen. Sie leiden unter der Angst vor Prüfungen oder Berufswechsel, unter der Angst vor ihrem Chef, vor Krankheiten, vor dem Alleinsein, vor der Zukunft. Angst macht sie unsicher im Kontakt mit der Umwelt. Oder sie müssen mit einer der vielen leichteren und schwereren Phobien leben – wie Höhen-Angst, Flug-Angst, Platz-Angst. Und ihre Kinder fürchten sich vor Tieren, vor Fremden, vor der Dunkelheit oder vor der Schule.

Angst beengt und macht unfrei. Sie beeinflußt wichtige Lebensentscheidungen – und führt oft zu körperlichen Symptomen, die krank machen können.

Viele Menschen wissen gar nicht, wie sehr ihr Leben von Angst bestimmt ist, sie gestehen sich überhaupt nicht ein, daß sie Angst haben. Sie verspüren nur ein gewisses Unbehagen, klagen über Belastungen und Streß im Alltag. Aber sie kommen nicht darauf, daß Ängste die Ursache für diese Symptome sind. Der Gedanke, deshalb einen Arzt oder Psychotherapeuten aufzusuchen, liegt ihnen fern.

Für alle, die selbst von Zeit zu Zeit dieses Unbehagen verspüren oder unter Ängsten leiden, und für diejenigen, die solche Fälle aus Familie und Freundeskreis kennen, ist dieses Buch entwickelt worden. Denn Angst kann überwunden werden. Rechtzeitig erkannt und behandelt, lassen sich schwerere Störungen und seelische Fehlentwicklungen verhindern.

»Angst überwinden« zeigt Wege dazu. Das Buch vermittelt Kenntnisse über die moderne Angstforschung. Es zeigt im ersten Teil, wie Angst entsteht, in welchen Formen sie auftritt und welche körperlichen Erscheinungen sie begleiten.

Der zweite Teil enthält Tests, die es dem Leser ermöglichen, sich selbst besser kennenzulernen und seine individuelle Angstbereitschaft einzuschätzen. Auch der Leser, der »echte« Angst nur selten verspürt, wird dieses Buch mit Interesse lesen: Mit Hilfe der Tests kann er seine seelische Stabilität bzw. Labilität prüfen und feststellen, wie gut seine Selbstbehauptung ist.

Der dritte Teil des Buches bringt erprobte Trainingsprogramme, mit deren Hilfe der Leser sich selbst und seine Kinder von Angst befreien kann.

»Angst überwinden« basiert auf den Erfahrungen der Verhaltenstherapie. Ihre relativ jungen und neuartigen Methoden, Störungen des Erlebens und Verhaltens zu behandeln, haben es überhaupt erst möglich gemacht, ein solches Buch zu entwickeln.

Übermäßige oder sinnlose Ängste sind nicht in jedem Fall eine Charakterstörung. Sie beruhen auch nicht immer auf unbewußten Konflikten. Sie bedürfen also nicht zwangsläufig einer langen Behandlung in der Praxis eines Arztes oder Psychotherapeuten. Irrationale Ängste und Phobien werden heute in den meisten Fällen als gelernte, unangepaßte Verhaltensweisen aufgefaßt. Die moderne Lernpsychologie, die experimentelle Angstforschung und die Verhaltenstherapie haben gezeigt, daß ein gelerntes Fehlverhalten – wie sinnlose Ängste – mit

Hilfe bestimmter Techniken auch wieder »verlernt« werden kann: Ein gezieltes, systematisches Verhaltenstraining führt so zur Befreiung von Ängsten.

Daraus ergibt sich keine Ablehnung der herkömmlichen Psychotherapie oder eine einseitige Befürwortung der Verhaltenstherapie. Es geht uns darum, erfolgreiche Wege zur Überwindung von Ängsten zu zeigen. Die Therapiepläne in diesem Buch leiten zur Selbstbehandlung in den Fällen an, in denen Selbstbefreiung möglich ist und die nicht unbedingt in der Praxis eines Therapeuten behandelt werden müssen. Schaden anrichten können sie nicht.

»Angst überwinden« macht aber auch Mut, bei schweren Ängsten und Phobien, die einer Selbstbehandlung nicht mehr zugänglich sind, einen Facharzt oder Psychotherapeuten aufzusuchen.

Es wird vielleicht auffallen, daß in diesem Buch die vielfach übliche Unterscheidung zwischen den Begriffen »Angst« und »Furcht« nicht gemacht wird. Seit Kierkegaard bezieht sich in Philosophie, Literatur und geisteswissenschaftlicher Psychologie Furcht meist auf konkrete bedrohliche Objekte und Situationen, während Angst eher ein Gefühl unbestimmter allgemeiner Lebensbedrohung ausdrückt. Wir verwenden beide Wörter gleichbedeutend. Denn die Symptome der so bezeichneten Gefühlszustände unterscheiden sich nicht. Und die Wege zu ihrer Überwindung sind gleich.

Inhalt

Teil I: Ursachen und Formen der Angst

Teil II: Diagnose Ihrer Ängste

Test 1

Test 2

Test 3

Test 4

Teil III: Trainingspläne gegen Angst

1. **Trainingsprogramm**

2. **Trainingsprogramm**

3. **Trainingsprogramm**

4. **Trainingsprogramm**

5. **Trainingsprogramm**

1 Was ist Angst?

Sinnvolle Angst schützt

Wir erleben Angst als einen Gefühlszustand: die Angst, von einer Leiter herunterzufallen; die Furcht vor dem Risiko, ein gefährliches Überholmanöver zu wagen; das Unbehagen, das viele Menschen verspüren, wenn sie vor einem tiefen Abgrund stehen.

Angst wirkt wie ein Alarmsystem in unserem Körper, das uns bei Gefahr vor unüberlegtem Handeln warnt – und uns damit schützt. Dieses System funktioniert relativ einfach: Wir erkennen eine Gefahr und werden blitzschnell und automatisch in einen Zustand angespannter Aufmerksamkeit versetzt.

Angst fördert die Leistungsfähigkeit des Menschen, indem sie Wachheit und Vorsicht und sämtliche Funktionen unseres Organismus aufs höchste steigert. Das Alarmsystem ist sinnvoll, wenn es Gefahrensignale aufnimmt und uns in Bereitschaft versetzt, in gefährlichen Situationen richtig zu reagieren.

Feierabendverkehr. Herbert K. hängt seit Minuten hinter einem Lastwagen. Endlich – kein Gegenverkehr. Aber nur 500 Meter bis zur nächsten Kurve. Herbert K. gibt Gas. Neben dem Anhänger überkommt ihn plötzlich ein flaues Gefühl in der Magengegend. Sein Herz schlägt bis zum Halse. Er bremst scharf und bleibt hinter dem Laster.

Ohne sinnvolle, normale Angstreaktionen wäre der Mensch ständig bedroht:

Beim Landeanflug ist der Pilot in einem Zustand angespannter Erregung. Vorsicht und Wachheit sind aufs äußerste gesteigert.

Das auf dem Wickeltisch krabbelnde Baby, kaum fähig, sich selbst aufzurichten, schreckt vor der Tiefe zurück. Angst bewahrt es vor dem Sturz.

Richtige und falsche Angst

Unser Alarmsystem funktioniert jedoch nicht immer richtig. Wenn die Angst ein gewisses Maß an Erregung übersteigt, sinkt die Leistungsfähigkeit zu sinnvollem Handeln wieder ab.

So muß schon ein bestimmter Prozentsatz der Lufthansa-Flugschüler während der Ausbildung ausscheiden. Auch nach vielen Starts und Landungen ist ihre Angstreaktion immer noch zu stark.

In diesem Fall steigert das Angstgefühl Wachheit und Vorsicht nicht weiter, sondern verhindert vorsichtiges Handeln. Angst schützt nicht mehr, Angst blockiert. Der Bereich der optimalen Reaktion ist überschritten.

Zu großer Angst kann man jedoch auch vorbeugen.

In Schleuderkursen werden Autofahrer so lange trainiert, bis sie gelernt haben, im Augenblick der Gefahr richtig zu handeln.

Gewöhnung und Erfahrung setzen das Gefühl der Angst herab, so daß wieder sinnvolle Reaktionen möglich werden.

Kaltblütig oder leichtsinnig?

Rund 20 000 Verkehrstote jährlich! Viele davon Opfer riskanter Überholmanöver allzu forscher, leichtsinniger Autofahrer. In den meisten Fällen hat der Angstmechanismus versagt, das Wagnis ist nicht als Wagnis erkannt worden. Man hat zu kaltblütig gehandelt.

Angst ist unnormal, wenn sie entweder zu wenig alarmiert oder wenn sie in ein Übermaß von Panik versetzt. Nur wenn das Ausmaß der Erregung in einer Gefahrensituation im richtigen Verhältnis zur objektiven Gefährdung steht, nur dann ist Angst sinnvoll. Nur dann können wir von »normaler Angst« sprechen.

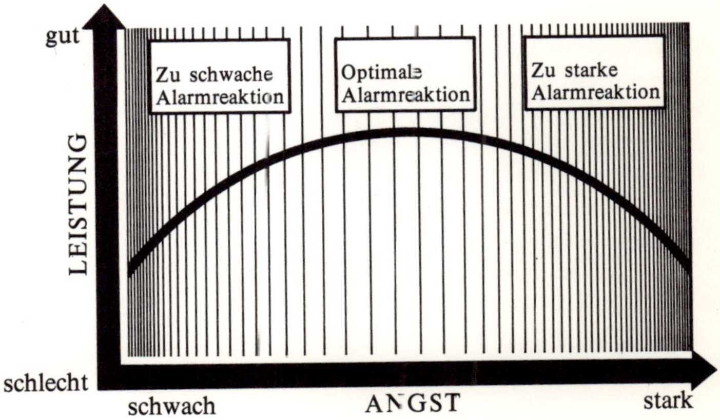

Mit steigender Angst nimmt zunächst auch unsere Leistungsfähigkeit (Wachheit, Aufmerksamkeit und Umsicht) zu. Wird der Bereich des Optimums überschritten, sinkt die Leistung wieder ab: Wir geraten in Panik.

Die Angst vor der Maus

Uschi, 28, charmant und clever, attraktiv. Ihr Schreibtisch steht im sechsten Stock, auf der Vorstandsetage eines großen Verwaltungsgebäudes. Den Fahrstuhl meidet sie. Vor den anderen schämt sie sich. Nur ihrer Freundin hat sie sich einmal anvertraut: »Dieses Gefühl, plötzlich herunterfallen zu können, furchtbar; Schweißausbruch, feuchte Hände, Atemnot, Herzklopfen, schreckliche Angst eingesperrt zu sein . . . ich hasse Fahrstühle!«

Im Film ist es schon Klamotte: Ein plötzlicher schriller Angstschrei der attraktiven Diva. Hilfesuchend flüchtet sie sich an die breite Brust ihres Partners. Grund der ganzen Aufregung: ein kleines weißes Mäuschen, das hinter dem Sofa verschwindet.

So sehr diese Szene auch immer wieder zum Lachen reizt, sinnlose Angst und lächerliche Angstreaktionen müssen wir ernst nehmen. Denn sinnlose Angst kann krank machen.

Viele Menschen fürchten sich vor Situationen oder Dingen, mit denen im Grunde keine echte Gefahr verbunden ist. Zum Beispiel:

Der Mann, der bereits das fünfte Mal prüft, ob seine Wohnungstür wirklich verschlossen ist; die Frau, die im Kino grundsätzlich nur einen Eckplatz ansteuert, weil sie sich in der Mitte der Reihe beengt fühlt; oder der Mensch, dem beim Anblick einer harmlosen Spinne Schauer über den Rücken laufen.

In diesen Fällen entspricht die Angstreaktion nicht dem objektiv ungefährlichen Anlaß. Alarmsignale und Reaktionen scheinen sinnlos. Diese Angst macht krank. Sie engt das Leben ein.

Angst ist mehr als ein Gefühl

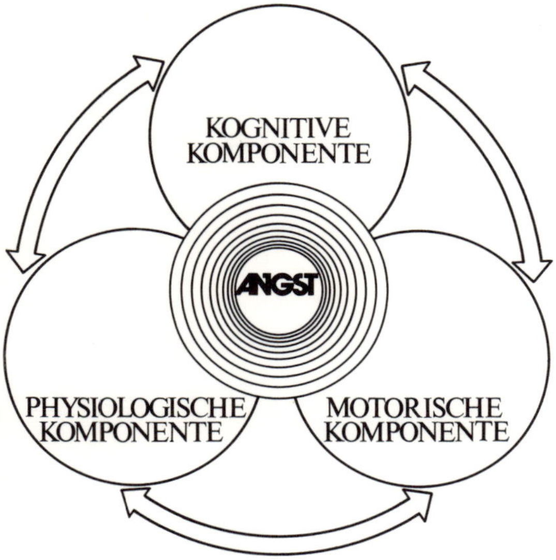

Was geht eigentlich in uns vor, wenn wir Angst haben? – Die gleichzeitige Beobachtung körperlicher und seelischer Vorgänge durch Wissenschaftler hat gezeigt, daß Angst nicht einfach ein Gefühl ist.

Angst ist ein kompliziertes Zusammenspiel zwischen verschiedenen Reaktionskomponenten, von denen keine allein das ist, was wir Furcht oder Angst nennen:

- *Die kognitive Komponente:* das Erkennen der Gefahr (Wahrnehmung von Gefahrensignalen).
- *Die physiologische Komponente:* bestimmte physiologische Veränderungen (wie zum Beispiel Feuchtwerden der Hände, Herzschlag-Beschleunigung, Durchblutungsänderungen der Hautgefäße, die Blässe oder Röte verursachen).
- *Die motorische Komponente:* charakteristische Muskelreaktionen (automatische Flucht- und Abwehrbewegungen, aber auch sprachliche Äußerungen).

Erst diese drei Komponenten zusammen sind das, was wir als Furcht oder Angst erleben.

Sie erkennen die Gefahr: in diesem Augenblick springt ein »Motor« in Ihnen an. Mehr als »100 PS« bringen Sie blitzschnell auf Hochtouren – Ihr Blutdruck steigt. Schweiß bricht aus. Ihr Herz schlägt schneller. Sie atmen intensiver, Ihre Haare »sträuben sich«. Ganz kurz – oft nur Bruchteile einer Sekunde zwischen Empfang der Warnsignale und Reaktion – können Sie reflektieren. Während dieser »Pause« sammeln Sie Ihre körperlichen Kräfte, werden alle Ihre Reserven für den bevorstehenden »Kampf« bzw. die »Flucht« mobilisiert. Sie sind nun von Kopf bis Fuß auf Aktivität, auf Handeln eingestellt, um der Gefahr zu begegnen: Sie pendeln zwischen Flucht und Abwehr. Es geht ums »Überleben«, und Sie sind physisch und psychisch darauf vorbereitet.

Dieses Überlebenssystem ist biologisch im Menschen angelegt. Für unsere Vorfahren, die Steinzeitmenschen, war es eine Lebensnotwendigkeit. Ihre Devise war: »Auf und davon ...« oder aber: »Nichts wie draufschlagen und den Gegner in die Flucht jagen!« Und dafür brauchten sie die durch die Angst zusätzlich mobilisierten Energien.

Auch Sie zittern im Zustand der Angst am ganzen Leib oder verspüren ein Stechen in der Brust, einen Druck in der Magengegend, fühlen sich wie gefesselt, irgendwie müssen Sie sich Luft machen. Sie schreien auf, rufen – wenn überhaupt – »Hilfe! O Gott!«

Angst?
Machen Sie sich Luft!

Aber damit haben Sie Ihre Energien noch lange nicht verbraucht, Sie haben immer noch zu wenig Dampf abgelassen. Denn wir sind zivilisierte Menschen. Unsere Erziehung und die Normen des gesellschaftlichen Zusammenlebens halten uns – meist – davon ab, gleich draufloszuschlagen oder aber schnell auf den nächsten Baum zu klettern. Wir leben nicht mehr in der Steinzeit, haben nicht mehr den Bären, dem wir uns stellen, an dem wir uns abreagieren müßten. Unsere Umwelt, insbesondere die Technik, bewahrt uns immer mehr vor lebensbedrohenden Gefahren. Unser Alltagskampf sieht anders aus: die Auseinandersetzung mit einem unangenehmen Vorgesetzten, eine schwierige Prüfungssituation, Unfallrisiken beim Autofahren, Streß.

Unser biologisches Erbe ist jedoch immer noch dasselbe. Die Angst ist die gleiche geblieben. Die Wirkung der drei Reaktionskomponenten der Angst hat sich nicht verändert. Aber meistens sind wir nicht mehr in der Lage, bei Gefahr und Angst das in uns zusätzlich mobilisierte Energiepotential abzubauen. Wir fliehen mit Worten. Wir greifen mit Worten an: »Sie Idiot, sehen Sie nicht, daß ich Vorfahrt hatte!« Oder unsere Fluchtbewegung, unsere motorische Reaktion, für die der Körper ein Übermaß an Kraft bereitgestellt hat, erschöpft sich in einem Druck aufs Gaspedal.

Sie kennen das: Sie sind wütend und müssen sich Luft machen. Aber Sie haben keine Gelegenheit dazu. Also fressen Sie Ihren Ärger in sich hinein. Falsch. Reagieren Sie sich ab! Machen Sie einige Trimm-Dich-Übungen!

Automobil-Clubs empfehlen das nicht zu Unrecht. Nach einer erfolgreich überstandenen Gefahrensituation sollten Sie sich »austoben« – aber nicht am Steuer! Denn Ihre zusätzlichen Kräfte müssen abgebaut werden.

Denken Sie auch an Ihren Beifahrer, er hat es schwerer als Sie, mit der Angst fertigzuwerden. Denn Sie haben das Steuer in der Hand! Ihr Begleiter aber ist zur Passivität verdammt. Denn die Angst wächst, wenn man gehindert ist, sie motorisch abzureagieren.

Sind Sie etwa auch ein solcher »schlechter« Beifahrer? Das nächste Mal wissen Sie warum.

2 Wie unser Körper bei Angst reagiert

Angst verrät sich

Bei Kindern kann man es oft genau beobachten: wenn sie lügen oder auch nur harmlose Ausreden gebrauchen, erröten sie. Je nach dem Ausmaß ihrer emotionalen Erregung laufen bestimmte körperliche Veränderungen ab. Das trifft auch auf die Erwachsenen zu. Haben wir ein schlechtes Gewissen, werden wir nervös und ängstlich. Nur verstehen wir es etwas besser als die Kinder, unsere Emotionen nach außen hin abzuschirmen. Wir können lügen, ohne gleich rot zu werden. Allerdings sind auch wir nicht fähig, psychische Zustände wie Schreck, Verlegenheit und die Angst, beim Lügen ertappt zu werden, gänzlich zu verleugnen; denn sie beeinflussen die Hautdurchblutung und damit die Hautfarbe. Auch nimmt unsere Hautfeuchtigkeit zu, der elektrische Widerstand der Haut nimmt dadurch ab. Gleichzeitig beginnt das Herz schneller zu schlagen, der Blutdruck steigt, die Atemtätigkeit wird beschleunigt.

All diese physiologischen Veränderungen können vom »Lügendetektor« (dem Polygraphen) aufgezeichnet werden. Auch die Forschungsrichtung Physiologische Psychologie untersucht diese bei Angst auftretenden körperlichen Begleitreaktionen durch sorgfältige Messungen. Die vielfältigen Empfindungen, die wir bei Angst verspüren können, werden verständlich, wenn wir bedenken, daß im Alarmzustand der gesamte Organismus in Erregung gerät. Betrachtet man nur die körperliche Seite, so ist der Grad der Aktivitätsänderung ein direkter Hinweis auf die Intensität der Gefühlserregung, die wir gerade erleben.

Die physiologische Komponente der Angst wird durch das vegetative Nervensystem ausgelöst. Wie vielfältig diese körperlichen Begleitreaktionen sind, zeigen die Klagen von Menschen, die ihre Angst beschreiben:

- *Die sonst so selbstbewußte Uschi will sich nicht lächerlich machen. Sie weiß, in wenigen Sekunden wird der Fahrstuhl im Erdgeschoß sein, ihr Herz schlägt schneller, ihre Hände werden feucht, Schweißperlen bilden sich auf ihrer Stirn, sie ringt nach Luft, am liebsten möchte sie fliehen …*
- *Plötzliche Schwäche in den Beinen, starke Schwindelgefühle, Zittern am ganzen Körper und ein sehr unangenehmes Ziehen in der Magengegend, das sind die immer wiederkehrenden Symptome, wenn der Verwaltungsangestellte K. eine Brücke betritt … Er hat sich dabei auch schon – im wahrsten Sinne des Wortes – »in die Hosen gemacht«.*
- *Jedesmal wenn Nachrichtensprecher M. Spätschicht hat, muß er auf dem Heimweg den menschenleeren, weiten Opernplatz überqueren. Er verspürt ein Gefühl der Unsicherheit, wie vor einer drohenden Ohnmacht; unbewußt sucht er nach einem Halt, seine Angst steigert sich, heftige Übelkeit befällt ihn, sein Magen droht sich zu entleeren …*

Das vegetative Nervensystem Kampf um die innere Balance

Wir atmen, ohne daran zu denken. Unser Herz schlägt, auch wenn wir schlafen, sogar während einer Ohnmacht.

Normalerweise kümmern wir uns nicht um Atmung, Verdauung oder Herzschlag. Es funktioniert eben alles von selbst – automatisch.

Die wichtigsten lebensnotwendigen Organfunktionen können wir normalerweise nicht willkürlich beeinflussen. Diese Arbeit nimmt uns das »autonom«, das heißt selbständig arbeitende vegetative Nervensystem ab. Seine Hauptaufgabe besteht darin, dafür zu sorgen, daß unser Körper immer wieder in einen Zustand des physiologischen Gleichgewichts zurückkehrt. Es dient der Konstanthaltung unseres »inneren Milieus«.

Im Zustand angespannter Erregung, bei Angst, stellt es uns blitzschnell die notwendigen Energien und Reserven zur Verfügung. Es startet den Motor in uns.

Wie funktioniert das vegetative Nervensystem im Normalfall? Es sorgt für die wichtigen lebenserhaltenden Vorgänge in unserem Organismus, ohne daß wir uns darum kümmern müssen: es läßt uns »vegetieren«, indem es Atmung, Herz und Kreislauf, Verdauung, Wasser- und Wärmehaushalt reguliert. Auch in Notsituationen wie bei Ohnmacht oder Zusammenbruch hält es die lebensnotwendigen Organfunktionen aufrecht.

Diese Arbeit übernehmen zwei Teilsysteme, die sich wie bei einer Waage nach dem Balance-Prinzip im Gegensinn – antagonistisch – beeinflussen: der Sympathicus und der Parasympathicus. Das *sympathische System* macht uns fit für Leistung: Es beschleunigt unter anderem den Herzschlag, den Blutdruck, erweitert die Arterien und steigert so die Leistungsfähigkeit der Muskeln. Es fördert die Schweißsekretion, bewirkt schnelleres und tieferes Atmen, erweitert die Pupillen, hemmt die Verdauung, regt die Nebennieren zu vermehrter Ausschüttung von Adrenalin an. Die Sympathicus-Impulse steigern also unsere Kraft, die Fähigkeit zur Arbeitsleistung, sie mobilisieren Aktivität, stellen Energien und Reserven für das Handeln bereit.

Das vegetative Nervensystem ist bestrebt, den Zustand des physiologischen Gleichgewichts zu wahren. Deshalb wirkt dem Sympathicus immer das *parasympathische System* entgegen. Seine Impulse fördern Ruhe, Entspannung und Schlaf. Der Parasympathicus drosselt die Herz- und Kreislaufleistungen, verengt die Arterien wieder, senkt den Blutdruck, fördert alle für die Ernährung wichtigen Funktionen, stoppt die Schweißsekretion und verlangsamt die Atemtätigkeit. (Die Abbildung auf Seite 17 zeigt, auf welche Organe und Funktionen Sympathicus und Parasympathicus jeweils – antagonistisch – einwirken.)

Sympathicus und Parasympathicus müssen immer wieder zu einem gut ausgewogenen Gleichgewicht zurückfinden, wenn es nicht zu Störungen der Organfunktionen kommen soll. Im Normalfall klappt das auch meistens: beide Systeme »ziehen« ständig an den »Waagschalen«. Ist die vom Sympathicus bereitgestellte Energie abgeschöpft, sorgt der Parasympathicus für Ruhe und Erholung. Dies geschieht in der Regel automatisch, je nach Lage der betreffenden Waagschale: Hat der Sympathicus Übergewicht,

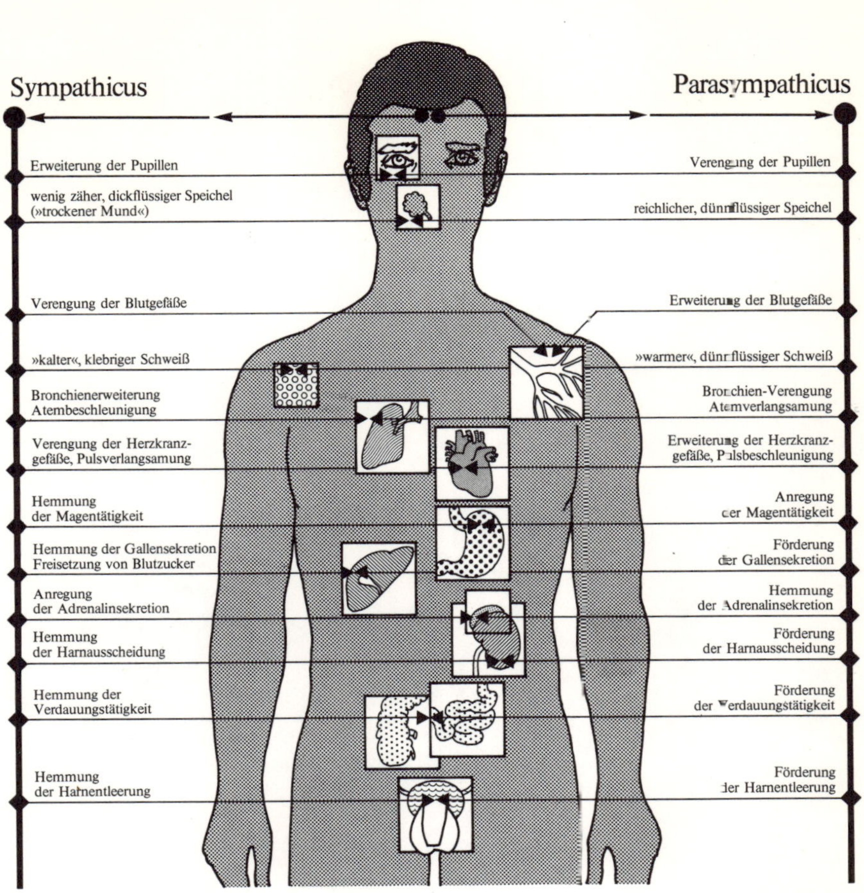

Das vegetative (»autonome«) Nervensystem sorgt für den »automatischen« Ablauf aller unbewußten Lebensvorgänge. Es gliedert sich in zwei antagonistisch (im Gegensinn) wirkende Teilsysteme: das die Leistungsbereitschaft und Aktivität steigernde *sympathische System* und das der Erholung und Regeneration dienende *parasympathische System.*

sorgt der Parasympathicus sofort für Balance. Unser vegetatives Nervensystem ist daher enorm belastbar, weil es elastisch reagiert: es hält auch extremer Beanspruchung stand. Wird die Belastungsfähigkeit dennoch überschritten, dann verhindern eingebaute Sicherungen – Warnsignale, wie zum Beispiel Ermüdung und Erschöpfung – den sofortigen Zusammenbruch.

Im Zustand angespannter Erregung, bei Angst also, sieht das etwas anders aus: Um im Vergleich mit der Waage zu bleiben – Angst belastet vorrangig die sympathische Waagschale. Denn unser Organismus ist so angelegt, daß im Zustand der Angst der Sympathicus dominiert, damit zusätzliche Energien mobilisiert werden.

Um wieder ins Gleichgewicht zu kommen, gibt es zwei Möglichkeiten: Entweder schöpfen wir die vom Sympathicus bereitgestellte Energie voll ab, indem wir uns »austoben« – entlasten also die sympathische Waagschale – oder aber wir setzen das parasympathische System in Gang, belasten also die parasympathische Waagschale. So können wir uns zum Beispiel aktiv entspannen oder ganz einfach essen.

Dauert aber ein Angstzustand länger an, dann zeigen sich immer wieder auch parasympathische Impulse. Es treten typische Angstreaktionen auf, wie zum Beispiel Übelkeit, Erbrechen, Durchfall und Harnlassen.

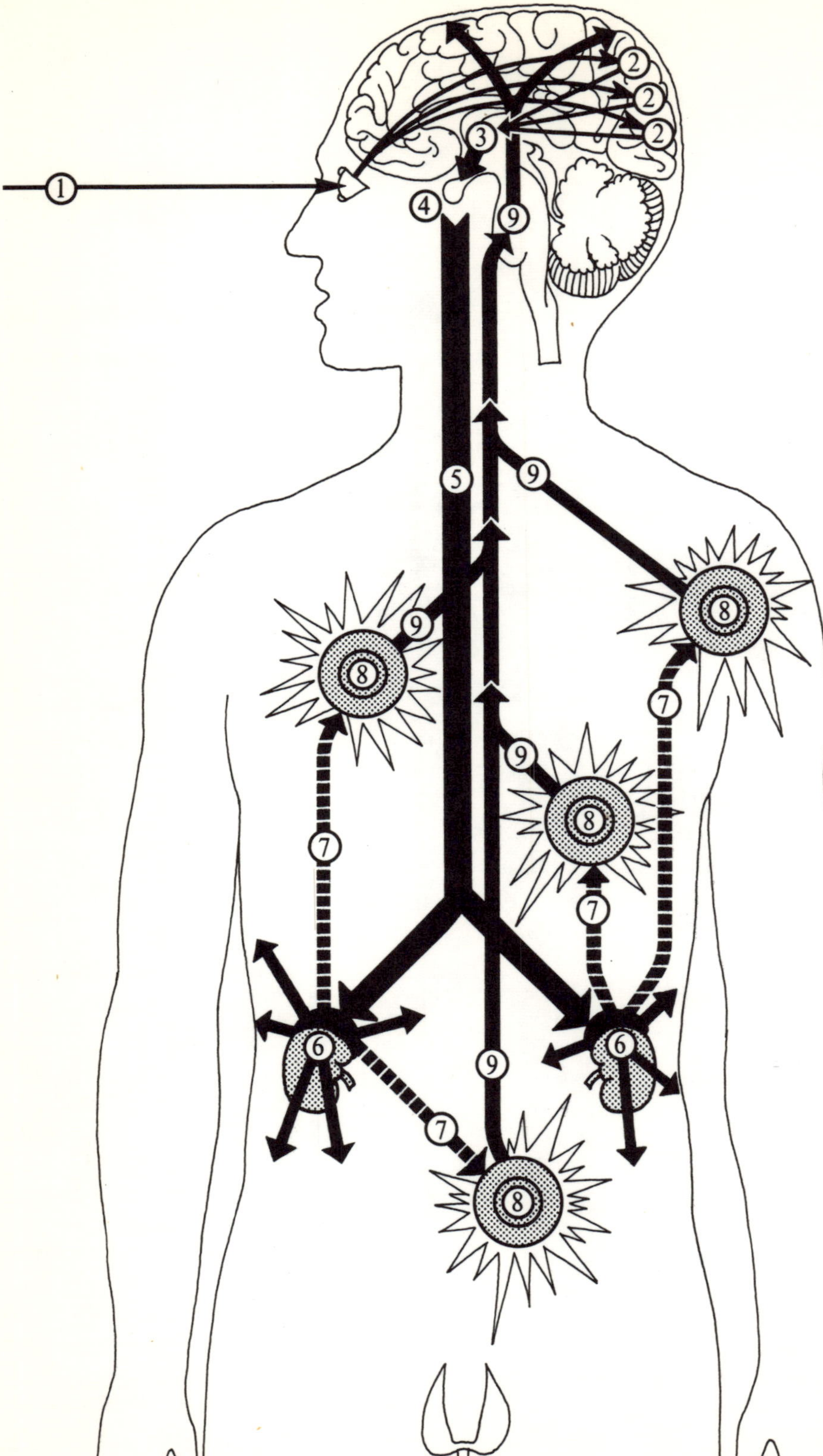
1
2
2
2
3
4
9
5
9
9
8
8
9
8
7
7
7
6
6
9
7
8

So funktioniert unser Alarmsystem

Wir wissen, welche Reaktionen Angst in unserem Körper hervorrufen kann. Wie aber wird Angst »gemeldet«? Wie wird dieses Alarmsystem »eingeschaltet«? Die Abbildung zeigt die verschiedenen »Nachrichtenwege«:

- Unsere Sinnesorgane (1) melden einen Gefahrenreiz an die Hirnrinde (2).

- In unserer Hirnrinde findet ein Bewußtseinsprozeß statt: wir assoziieren »Gefahr!«.

- Beim Empfang von Gefahrensignalen entstehen Angstemotionen im Hypothalamus (3), einem Teil des Zwischenhirns.

- Die Angstemotionen werden an die Hypophyse (4), die Hirnanhangdrüse, gemeldet.

- Die Hypophyse schüttet nun das Hormon ACTH (Adrenocorticotropes Hormon) direkt in die Blutbahn (5) aus.

- Die Nebennierenrinde (6), auch eine Drüse, registriert das im Blut enthaltene ACTH und reagiert nun selbst mit der Ausschüttung von Hormonen, insbesondere von Adrenalin.

- Diese Hormone (7) versetzen den gesamten Organismus in den Zustand höchster Kampf- und Fluchtbereitschaft. Gleichzeitig haben die Angstemotionen über den Hypothalamus unser vegetatives Nervensystem aktiviert.

- Dieser Zustand angespannter Erregung im gesamten Organismus (8) wird wieder an das Gehirn zurückgemeldet. (So nehmen wir zum Beispiel bewußt wahr, daß unser Herz schneller schlägt.)

- Vor allem aber wird der Zustand der Erregung an das Stammhirn gemeldet, dessen Teilsystem, die reticuläre Formation (9), nun Impulse zur Großhirnrinde aussendet.

- Diese Impulse der reticulären Formation »feuern« regelrecht die Großhirnrinde an. Sie wird dadurch in höchste Bereitschaft versetzt, »geweckt«: Gespannteste Aufmerksamkeit ist die Folge, alle Umweltreize werden nun besonders scharf wahrgenommen und sehr sorgfältig verarbeitet.

Wir sind auf die Gefahr vorbereitet. Die Hirnrinde, aufs äußerste erregt, ermöglicht ein der Situation optimal angepaßtes Wahrnehmen und Denken und damit ein Handeln unter bestmöglicher Ausnutzung unserer motorischen Leistungsfähigkeit. Der Sympathicus hat ja schon – zusammen mit den Nebennierenrinden-Hormonen – die notwendigen Energien dazu bereitgestellt.

3 Jeder ist »Angst-Individualist«

Sind Sie ein »Magen-Darm-Typ« …

● *Das geht jetzt schon seit fünf Monaten so: Gerhard M. steht morgens auf – Magenschmerzen. Magenschmerzen den ganzen Tag über. Erst gegen Abend, wenn er vom Büro nach Hause fährt, fühlt er sich ein wenig wohler. Als Abteilungsleiter in einem Stahlkonzern ist er beträchtlichen Belastungen ausgesetzt; daß sie aber die Ursache für seine Magenbeschwerden sein könnten, weiß er gar nicht.*

● *Elisabeth F. hat panische Angst vorm Autofahren. So oft wie nur möglich drückt sie sich davor. Am liebsten geht sie zu Fuß. Da hilft auch kein gutes Zureden. Im Auto überkommt sie das Gefühl der Ohnmacht, ihr wird schwindelig, ihr Herz schlägt rasend, ihr Puls kommt auf Hochtouren.*

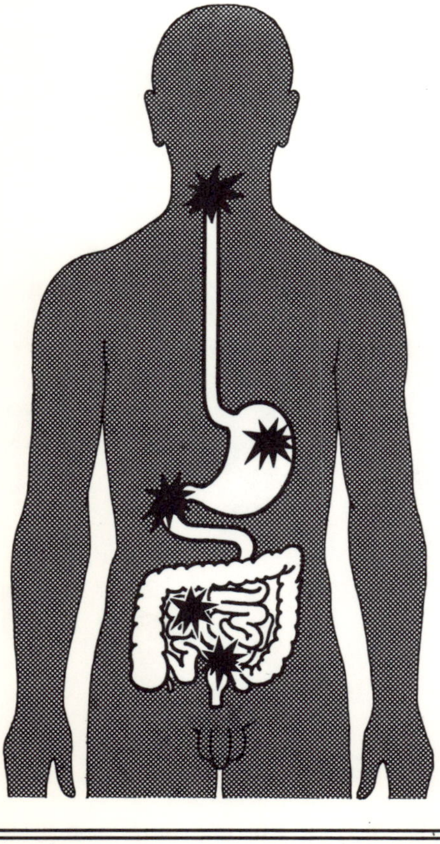

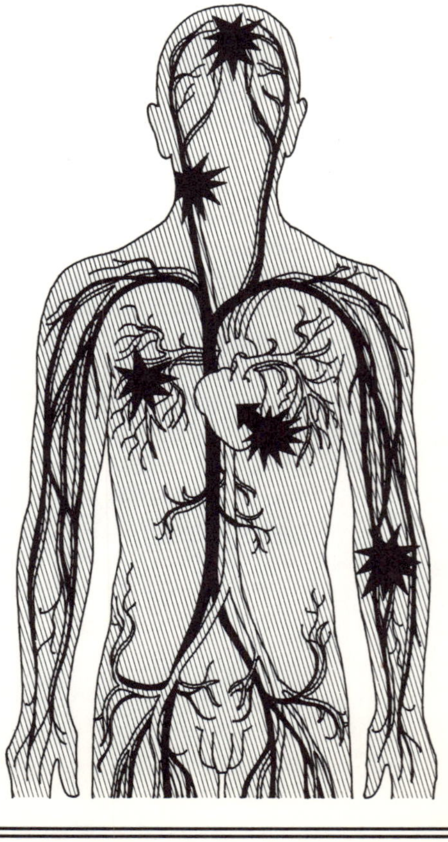

... oder »bevorzugen« Sie Ihr Herz?

Atmung, Verdauung, Herzschlag – alles funktioniert von selbst. Verantwortlich für diese gutablaufende Automatik ist unser autonomes Nervensystem. Wir kennen die vielfältigen körperlichen Veränderungen, die bei Angst auftreten können. Wenn wir nur leicht erregt sind, spüren wir unsere körperlichen Reaktionen nur sehr schwach – oder sie werden uns erst gar nicht bewußt. Im Zustand starker Erregung jedoch können schwerwiegende körperliche Begleitreaktionen auftreten, die uns möglicherweise krank machen.

Unser autonomes Nervensystem kann normalerweise nicht differenzieren: der Sympathicus zum Beispiel setzt unterschiedslos alle Körperfunktionen in Gang, die er beeinflussen kann. Er »bevorzugt« jedoch bei vielen Menschen im Zustand von Erregung und Angst ein bestimmtes Organsystem stärker als andere, das dann besonders schnell »auf Hochtouren« kommt. Denn viele Menschen haben ihr individuelles »autonomes Reaktionsstereotyp«, wie der amerikanische Physiologe Lacey nachgewiesen hat.

Wenn Sie bei Angst Ihren Magen spüren, wenn Sie auch bei geringer Erregung schon Druck in der Magengegend feststellen, dann gehören Sie (möglicherweise) zu den »Magen-Darm-Typen«. Ihr autonomes Reaktionsstereotyp heißt dann »Magen«, denn bei geringer wie bei intensiver psychischer Belastung »bevorzugt« Ihr Sympathicus das Verdauungssystem. Oder spüren Sie zuerst immer das Herz? Haben Sie bei Erregung Schwierigkeiten mit dem Kreislauf? Wird Ihnen schwindelig?... Dann sind Sie (wahrscheinlich) ein »Herz-Kreislauf-Typ«. Vielleicht sind Sie auch »nur« unruhig und nervös? Oder besonders reizempfindlich? Oder einfach schlapp und kraftlos?

Wenn Sie feststellen wollen, ob Sie ein bestimmtes autonomes Reaktionsstereotyp haben, machen Sie Test 2 auf Seite 64.

Sind wir nur schwach erregt, dann verspüren wir bewußt nur die Reaktion des »bevorzugten« Organsystems, obwohl der Sympathicus auch die übrigen Organe zusätzlich aktiviert hat: Heißt unser autonomes Reaktionsstereotyp zum Beispiel »Magen-Darm« – in diesem Fall reagiert also unser Verdauungssystem zuerst – so »muckt« unser Magen lediglich auf, wir fühlen uns etwas unwohl oder bekommen Verdauungsstörungen. Sind wir jedoch übermäßig heftig erregt oder immer wieder starken Erregungen ausgesetzt, dann bekommen wir starke Magenbeschwerden – vielleicht sogar eines Tages ein Magengeschwür. Menschen, deren autonomes Reaktionsstereotyp »Herz-Kreislauf« heißt, leiden unter der »Vorliebe« ihres Sympathicus für Herz und Kreislauf.

Gerhard M.s Arzt konnte auch nach gründlicher Untersuchung keine »eigentliche« organische Ursache der Magenschmerzen feststellen. Diagnose: »Eine vegetativ bedingte funktionelle Magenstörung.«

Also kein »echter« Krankheitsfall und dennoch Magenbeschwerden? Wie kommt es zu dieser funktionellen Störung?

Es gibt wie gesagt Menschen, deren autonomes Reaktionsstereotyp wesentlich stärker in Erscheinung tritt als bei anderen. Diese Menschen sind anfällig für sogenannte psychosomatische Krankheiten; auf psychische Belastungen reagieren sie mit somatischen, das heißt körperlichen Symptomen.

Wie anpassungsfähig sind Sie?

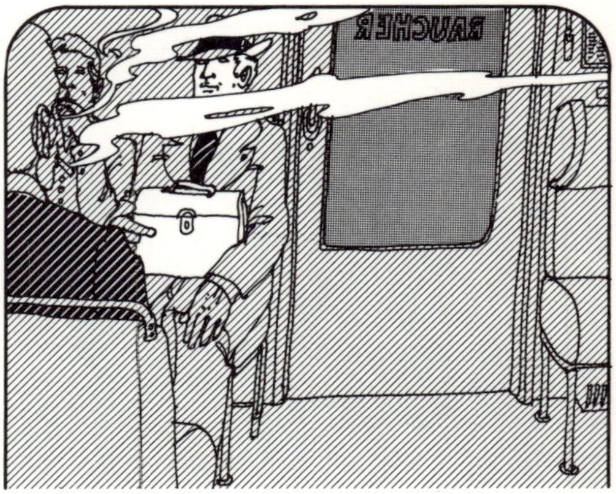

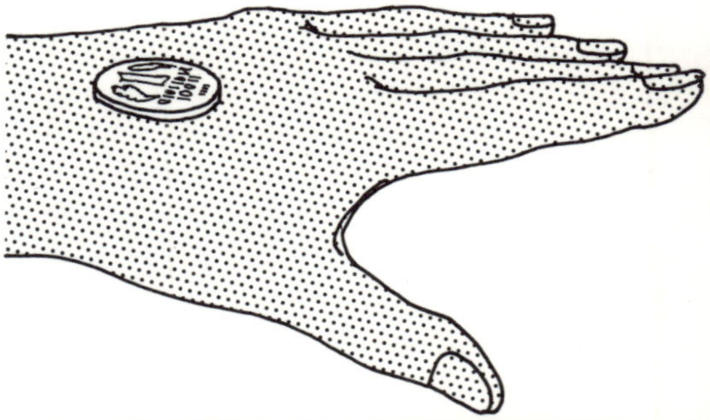

Unser Organismus strebt nach Einklang mit der Umwelt. Wir leben jedoch in einer ständig sich wandelnden Welt; immer neue Reize »gefährden« unsere Ausgeglichenheit.

Wird unser Ruhezustand durch bedrohliche Umweltreize verändert, dann hilft uns das vegetative Nervensystem, den Zustand der Ausgeglichenheit so schnell wie möglich wieder herzustellen. Wir wissen bereits: Bei Erregung versetzt uns der Sympathicus in erhöhte Handlungsbereitschaft, damit wir den schädlichen Reiz, der uns alarmiert hat, durch Flucht oder Gegenwehr zum Verschwinden bringen können. Der Parasympathicus sorgt in der später eintretenden Ruhephase für die Wiedergewinnung der verbrauchten Energien.

Nicht immer jedoch muß dieser aufwendige Apparat bemüht werden. Die Fähigkeit zur Gewöhnung, zur »Adaptation«, macht die Anpassung an neue Umweltbedingungen möglich.

- *Machen Sie einen kleinen Test! Legen Sie ein Markstück auf Ihren Handrücken. Lesen Sie konzentriert weiter, denken Sie nicht an die Münze. Nach kurzer Zeit schon spüren Sie das Metall nicht mehr.*
- *Sie betreten ein Eisenbahnabteil. Die Luft ist von Zigarrenqualm verpestet. Sie wollen ein Fenster öffnen. Ein Reisender legt verwundert seine Zeitung beiseite. »Was, schlechte Luft?« fragt er, »ich spüre nichts.«*
- *Der Hochseil-Artist probt einen neuen Salto. Bei den ersten Versuchen verspürt er noch Unbehagen. Doch später, im gleißenden Scheinwerferlicht, verhält er sich für die Zuschauer geradezu sensationell »leichtsinnig«.*

Wirken bestimmte Reize immer wieder – oder ununterbrochen längere Zeit – auf uns ein, dann reagieren wir auf sie allmählich immer schwächer; bis wir schließlich völlig neutral bleiben: wir haben uns an sie gewöhnt, wir sind »adaptiert«.

Ohne diese Fähigkeit zur Adaptation wären wir ständig durch neue Reize alarmiert und kämen nie zur Ruhe. So aber können wir selbst objektiv gefährlichen Situationen gelassen begegnen, wenn wir sie wiederholt – ohne schlechte Erfahrungen – gemeistert haben.

Die Fähigkeit zur Adaptation zeigt sich auf dem Gebiet der Wahrnehmung besonders deutlich: So gewöhnt sich unser Tastsinn sehr schnell an den Druck des Markstücks auf dem Handrücken. Und auch schlechte Luft im Eisenbahnabteil nehmen wir schon bald nicht mehr wahr.

Die Adaptations-Fähigkeit Ihrer Wahrnehmung können Sie in einem Selbstversuch erproben: Fixieren Sie mit den Augen den kleinen schwarzen Punkt in der Mitte des Kreises etwa eine Minute lang. Lesen Sie erst nach dem Versuch weiter!

Was haben Sie festgestellt?

Zunächst können Sie noch ganz deutlich den weißen Innenkreis im schwarzen Außenring erkennen. Nach einigen Sekunden jedoch wird der schwarze Ring allmählich heller. Der weiße Kreis verfärbt sich etwas dunkler. Die Farbtöne beider Felder gleichen sich allmählich an, sie »vergrauen«. Sie tendieren zur Neutralität.

Sicherlich haben Sie nach einiger Zeit an den Konturen, den Übergangsstellen zwischen schwarz und weiß, ein eigenartiges Flimmern bemerkt. Wir können unser Auge nicht völlig starr halten, es macht ständig winzige, unwillkürliche Bewegungen. Das Flimmern tritt immer dann auf, wenn die an die schwarze Farbe gewöhnten Netzhautteile zum Beispiel so »verrutschen«, daß auf sie plötzlich das Licht der weißen Fläche fällt. Dieses Weiß erscheint dann nicht als neutral-angepaßtes Grau, sondern – als neuer Reiz – extrem weiß.

Neue Reize, neue Wahrnehmungsgegenstände, werden also nach einer gewissen Zeitspanne zu neutralen Reizen.

Wieviel Zeit haben Sie eigentlich benötigt, bis Sie die Tendenz zum Vergrauen festgestellt haben? Stoppen Sie einmal die Sekunden, auch bei Ihren Freunden. (Indikator ist der Beginn des Flimmerns!)

Gewöhnung kann gefährlich sein

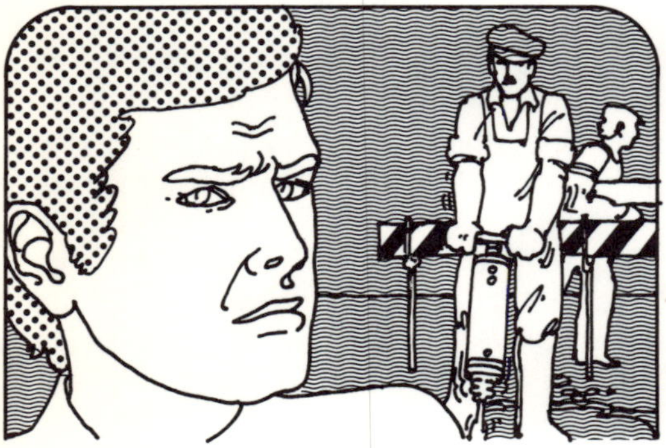

Vergleichen Sie einmal die Zeitspannen, die Sie und Ihre Freunde benötigen, bis die Augen adaptiert sind. Sie werden feststellen, daß sich die Menschen unterschiedlich schnell an neue Reize gewöhnen.

Sie werden feststellen, daß ein akustisches Signal, wenn es zunächst unerwartet und plötzlich auftritt, die meisten Menschen leicht zusammenzucken läßt und sie in einen Zustand gesteigerter Wachheit versetzt. Wiederholen wir diesen akustischen Reiz, dann fällt die Schreckreaktion von Mal zu Mal schwächer aus, bis sich unsere »Versuchsperson« daran gewöhnt hat. Doch brauchen die Menschen unterschiedlich lange, bis der Reiz für sie neutral geworden ist.

Wer sich zu schnell an Gefahrensignale gewöhnt – der »Kolonnenspringer« auf der Autobahn zum Beispiel – lebt gefährlich. Das biologisch sinnvolle Alarmsystem »Angst« spricht nicht mehr richtig an.

Aber es gibt eben auch die Menschen, bei denen es nur langsam zur Gewöhnung kommt – und oft gar nicht:

Der Flugängstliche, der trotz häufigen Fliegens nicht ruhiger wird; der Nachbar, den der Baulärm von nebenan nun schon seit Monaten jeden Tag wieder aufs neue erregt.

Die Angstforschung vermutet, daß Menschen, die zu übermäßiger Angst neigen, an einer Störung des Adaptationsprinzips leiden. Jeder von uns hat ein vorgegebenes allgemeines Erregungsniveau, das über den Grad der Wachheit und Empfindlichkeit, mit der die Signale aus der Außenwelt aufgenommen werden, entscheidet. Menschen mit zu hohem allgemeinen Erregungsniveau und zu geringer Adaptationsfähigkeit neigen zu erhöhter Angstbereitschaft.

4 Normale Ängste

Ist die Angst vor Schlangen angeboren?

Haben Sie Angst vor Schlangen? Ja? Warum haben Sie dann eigentlich keine Angst vor Meerschweinchen?

Sie scheuen sich, vor vielen Menschen zu sprechen. Sitzen Sie dagegen einem guten Freund gegenüber, unterhalten Sie sich völlig ungezwungen mit ihm. In Anwesenheit von Fremden jedoch sind Sie mehr oder weniger gehemmt.

Immer wieder begegnen Ihnen Menschen, die aus ihrer Furcht vor harmlosen Spinnen, Mäusen oder Würmern keinen Hehl machen, obwohl ihnen diese ungefährlichen Tiere noch nie Schaden zugefügt haben.

Welche Ängste sind normal, welche abnorm oder gar sinnlos?

Die meisten Menschen haben in bestimmten Situationen leichte Furcht.

Der amerikanische Psychologe Lang untersuchte eine größere Zahl von Studenten auf Angst vor Schlangen. Sämtliche Testpersonen gaben ein gewisses Unbehagen vor Schlangen an. Über intensive Furchtgefühle berichteten allerdings nur 20 Prozent.

Der Anteil der Studenten, die beim Anblick von Schlangen geradezu übermäßig ängstlich reagierten, betrug ein bis zwei Prozent. Sie gaben an, daß sie Zoo-Besuche und Gegenden, in denen Schlangen anzutreffen sind, mieden.

Ähnlich verbreitet ist auch die Angst vor Mäusen, vor großen Höhen, vor Dunkelheit, Eingeschlossensein in engen Räumen, vor bestimmten Krankheiten oder vor Situationen, in denen ein Mensch im Mittelpunkt der Aufmerksamkeit steht. Es gibt also offensichtlich Objekte und Situationen, die bei vielen Menschen Angst auslösen, unabhängig davon, ob schlechte Erfahrungen vorausgegangen sind oder nicht.

Gibt es angeborene Ängste? Haben wir unsere Ängste irgendwann einmal erlernt?

Diese Ängste sind angeboren:

- *Der amerikanische Psychologe Watson fand bei der Beobachtung neugeborener Säuglinge heraus, daß Kleinkinder vom ersten Tag an auf eine Reihe bestimmter Umweltreize mit Angst reagieren. Laute Geräusche, Schmerz aller Art oder plötzliche Hilflosigkeit (wenn zum Beispiel unerwartet das Kopfkissen wegrutscht) – die Säuglinge zeigten immer deutliche Furchtreaktionen.*
- *Meist lachen wir ja über Menschen, die sich vor Dunkelheit fürchten. Aber haben Sie sich schon selbst geprüft? Lassen Sie doch einfach einmal das Licht aus, wenn Sie zum Weinholen in Ihren Keller gehen! Sie kennen dort doch jeden Winkel und jede Ecke! Oder bekommen Sie plötzlich ein leicht »mulmiges« Gefühl, wenn Sie sich an den Türgriffen und Regalen entlangtasten?*

Verhaltensforscher geben die Antwort

Zufällig schlendern Sie an der Fassade eines Bestattungsinstituts vorbei. Durch die Gardinen erkennen Sie schemenhaft einen Sarg.

Plötzlich auftauchende Blinkleuchten und Warnzeichen zwingen Sie zu bremsen. Sie sehen blutüberströmte Menschen, regungslos im Fahrzeugwrack eingeklemmt...

Die meisten Menschen reagieren in beiden Situationen mit mehr oder weniger starkem Unbehagen.

Es hat absolut nichts mit Feigheit zu tun, wenn jemand seine Furchtgefühle offen zeigt. Viele versuchen, bei der Konfrontation mit Verletzten oder Toten die Angst vor dem – wie der Verhaltensforscher sagt – »verstümmelten Artgenossen« zu verbergen. Nur wenigen gelingt es.

Von Geburt an sind wir mit dem Alarmsystem Angst ausgerüstet. Ist jedoch auch unsere Angstreaktion auf bestimmte Objekte und Situationen angeboren?

Das zu untersuchen ist Aufgabe der »Ethologie«, der vergleichenden Verhaltensforschung. Ethologen haben das Angstverhalten bei Tieren in der Natur und im Experiment beobachtet:

Die meisten Vögel können Raubtiere von harmlosen Artgenossen unterscheiden. Verhaltensforscher fanden zum Beispiel heraus, daß junge Tiere, die unter sorgfältig kontrollierten Bedingungen aufgezogen wurden und so keine Erfahrung mit Gefahrensignalen machen konnten, schon bei der ersten Begegnung mit dem für sie bedrohlichen Reiz ängstlich reagieren. Junge Gänse wurden mit habichtähnlichen Attrappen konfrontiert. Die Experimente zeigten, daß sie – ohne es erst lernen zu müssen – von Habicht-Attrappen stärker alarmiert werden als von Nachbildungen, die den eigenen Artgenossen ähneln.

Einen weiteren Nachweis für das Vorhandensein eines angeborenen Mechanismus zum Erkennen von gefährlichen Reizobjekten liefern in Gefangenschaft aufgezogene Affen. Sie zeigen Angst vor Schlangen, die sie nie zuvor gesehen und mit denen sie also auch keine schlechten Erfahrungen gemacht haben können.

Angst muß reifen

Auch die Angst vor toten oder verstümmelten Artgenossen, die Mensch und Tier zeigen, ist biologisch sinnvoll. Plätze, an denen verstümmelte Artgenossen zu finden sind, deuten in der Regel auf drohende Gefahren, zum Beispiel auf die Nähe von Raubtieren. Wahrscheinlich wurden solche Gefahrenreize im Laufe der Evolution herausgebildet. Ihr biologischer Sinn liegt in der lebenserhaltenden Schutzfunktion der Angst.

Angeborene Furchtreaktionen werden erst im Laufe der Entwicklung ausgeformt: sie müssen reifen. Denn die Flucht- und Abwehrmechanismen erreichen erst in einem bestimmten Alter ihre volle Funktionsfähigkeit. Der Reifungsprozeß der Angst wird besonders deutlich, wenn man die Entwicklung der Furcht vor Schlangen beobachtet.

Kinder bis zu zwei Jahren reagieren beim Anblick einer Schlange noch völlig neutral. Im Alter von drei bis vier Jahren treten erste Anzeichen von Vorsicht auf.

Deutliche Furchtreaktionen weisen Kinder erst ab vier Jahren auf. Mit zunehmendem Alter steigt die Angstintensität beim Anblick von Schlangen. Erst im 17. Lebensjahr ist dieser Reifungsprozeß abgeschlossen.

Bemerkenswert ist dabei, daß die meisten Leute nie mit Schlangen in Berührung gekommen sind, also auch keine negativen Erfahrungen mit ihnen gemacht haben können. Dennoch haben sie Angst.

Auch die sehr verbreitete Angst vor Fremden beim Kleinkind ist angeboren. Sie tritt aber erst – als sogenannte »Acht-Monats-Angst« – im Alter von sechs bis acht Monaten auf: Die kognitiven Fähigkeiten des Kindes müssen erst einmal so weit gereift sein, bis es in der Lage ist, bekannte von fremden (also furchtauslösenden) Gesichtern zu unterscheiden.

Die Furcht vor Dunkelheit und Einsamkeit, vor großen Wasserflächen, vor eingebildeten Wesen oder großen Tieren, aber auch vor Straßenverkehr, Ertrinken und Feuer können wir bei Kindern in der Regel erst vom zweiten Lebensjahr an beobachten. Wenn Sie Kinder haben, konnten Sie bestimmt feststellen, daß insbesondere die Angst vor Dunkelheit oder Alleinsein bis zum Alter von etwa fünf Jahren an Intensität zunimmt. Beide Situationen zeichnet – im Gegensatz zu anderen Angstobjekten – ein Mangel an Reizen aus.

Auch in diesen Fällen spricht die Beobachtung dafür, daß die Angst einen von der Erfahrung unabhängigen Reifungsprozeß durchläuft. Denn die von Psychologen beobachteten Kinder hatten weder im Dunkeln noch im Zustand des Alleinseins schlechte Erfahrungen gemacht.

Ängste, die das Kleinkind zeigt, nehmen mit wachsender Erfahrung wieder ab. Je älter ein Kind wird, um so geringer ist die Neigung, auf jeden unerwarteten oder intensiven Reiz mit Furcht zu reagieren. Soziale Angst dagegen als Reaktion auf feindseliges Verhalten anderer Menschen hat ihren Höhepunkt gewöhnlich erst nach der Pubertät.

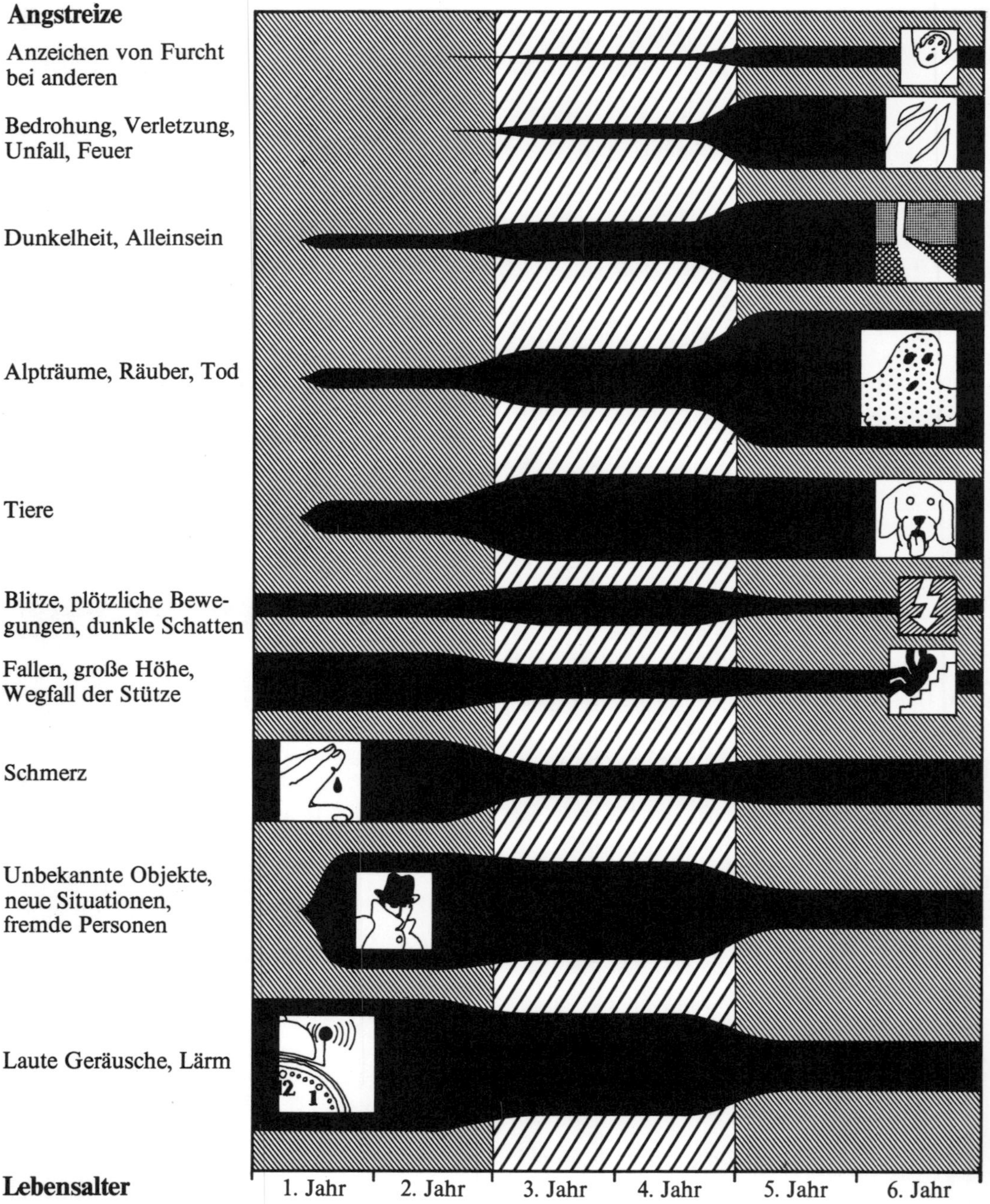

Das Bild zeigt die Entwicklung verschiedener Kinderängste. Die Breite der von links nach rechts verlaufenden Bahnen zeigt, welche Bedeutung die einzelnen furchtauslösenden Objekte und Situationen in unterschiedlichen Altersstufen (0 bis 2, 2 bis 4 und 4 bis 6 Jahre) haben. Manche Ängste gehen mit zunehmendem Alter zurück, andere wieder müssen erst »reifen« und treten später in Erscheinung. *(Nach J. A. Gray)*

Was jedem Menschen Angst macht
Die vier Kategorien der normalen Angst

Der englische Psychologe Jeffrey A. Gray hat den Versuch unternommen, Angstreize zu klassifizieren. Er vertritt die Auffassung, daß sich alle Reize, die Angst oder Unbehagen in uns auslösen, vier Kategorien zuordnen lassen:

1. *Intensität,* 2. *Neuheit,* 3. *besondere durch die biologische Evolution herausgebildete Gefahrenreize* und 4. *Reize, die dem sozialen Zusammenleben entstammen.*

Die ersten beiden Kategorien, Intensität und Neuheit, spielen vor allem beim Kleinkind eine dominierende Rolle.

In Situationen, in denen ein Mangel an Stimulation vorliegt, wie zum Beispiel bei Dunkelheit oder Alleinsein, besteht die »Neuheit« des Reizes in einem *Wegfall* von Umweltreizen. Treffen bestimmte Erwartungen nicht ein – füttert zum Beispiel die Mutter ihr Baby nicht zur gewohnten Zeit oder unterbricht die liebevolle Beschäftigung mit dem Kind –, dann ist das Ausbleiben des Gewohnten neu für es und damit furchterregend.

Ein schweres Gewitter zieht auf. Es donnert und blitzt: wir erschrecken. Die Reize treten unerwartet plötzlich und intensiv auf. In diesem Fall kommt es zu einer Mischung aus Neuheit und Reizintensität. Wir kennen das: Je plötzlicher ein Reiz auf uns einwirkt, um so heftiger ist unsere Erregung. Plötzlichkeit ist also auch eine Kategorie, die einen Reiz zum angeborenen Angstauslöser macht.

Angeborene Furchtreaktionen formen die meisten Ängste mit, die wir beobachten können. Gewöhnlich aber treten sie nicht störend in Erscheinung, denn sie werden durch wiederholte Erfahrung und nach dem Prinzip der Adaptation allmählich neutralisiert.

Aber schon bei Kindern zeigt sich, daß diese normalen Ängste mit sehr unterschiedlicher Intensität auftreten. Die Frage ist also: Wie kommt es, daß verschiedene Menschen eine unterschiedlich starke Angstbereitschaft haben?

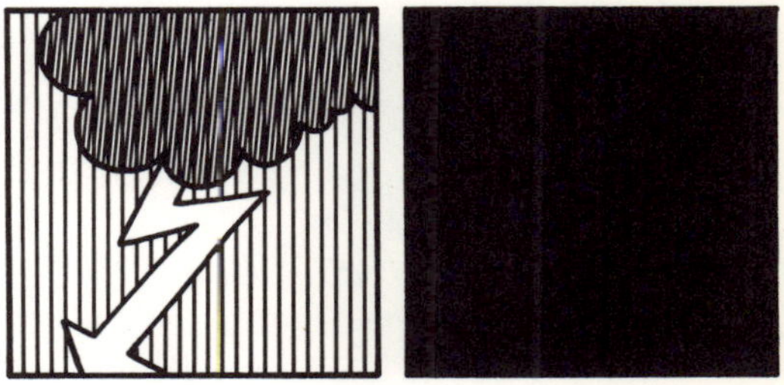

5 Wie Angst »gelernt« wird

Angst – ohne Grund?

• *Völlig unerklärlich für uns erscheint die Angst des 52jährigen Betriebsleiters Franz S., ein – wie man so zu sagen pflegt – durch und durch »gestandener Mann«, erfolgreich im Beruf, glücklich verheiratet, zwei Kinder, keine Geldsorgen, Eigenheim, zwei Autos.*

Kaum vorstellbar, daß dieser selbstbewußte Mann Angst vor Parfümdüften hat! Seit der Heirat darf seine Ehefrau keine Parfüme mehr verwenden, sogar Gesichtswasser mit äußerst sparsamer Duftnote flößt ihm schon Angst ein. Kommt einmal weiblicher Besuch ins Haus, dann müssen hinterher sofort sämtliche Türen und Fenster aufgerissen werden.

• *Karin B., verheiratet, Nur-Hausfrau, klagt über ihre ständige Furcht vor menschlichen Haaren. Sie kann es sich selbst nicht erklären – mehrere Stunden am Tag verbringt sie mit pedantischen Kontrollen und geradezu lächerlichen Säuberungsaktionen, um ihre Umgebung frei von Haaren zu halten. Sie schüttelt sämtliche Kleidungsstücke immer wieder aus, sucht die Polstermöbel ab, kehrt zigmal den Fliesenboden in der Küche. Entdeckt sie wirklich einmal ein Haar, überfallen sie außergewöhnlich starke Angstgefühle – und beweisen ihr damit, daß sie »recht hat«.*

Wie kann ein erwachsener Mann Angst vor Parfüm-Geruch haben? Warum fürchtet sich eine verheiratete Hausfrau vor Haaren?

Die Angst vor Schlangen, das Unbehagen beim Anblick verletzter Menschen, Furchtreaktionen auf Drohgesten, Erschrekken bei plötzlich auftretendem Blitz und Donner, die Angst, wenn wir allein in einem unbekannten dunklen Raum stehen – diese Ängste stufen wir als »normal« ein.

Die Anzahl der Situationen, die von vornherein Furchtgefühle in uns auslösen, ohne daß wir mit ihnen schon schlechte Erfahrungen gemacht hätten, und die unter den vier Kategorien der angeborenen Angstreize zusammengefaßt werden können, ist jedoch relativ begrenzt. Diese Ängste treten gewöhnlich nicht störend in Erscheinung und werden in den meisten Fällen durch wiederholte Erfahrung neutralisiert.

Dies führt zurück zu der Frage, wieso manche Menschen vor Objekten Angst haben, die die meisten von uns »kalt« lassen? Solche unbegründeten, irrationalen Ängste nennt man *Phobien.* Wie kommt es dazu, daß zuvor neutrale Situationen oder Dinge, mit denen keine objektiv feststellbare Gefahr verbunden ist, zu Auslösern von Phobien werden können?

Weder Haare noch Duftstoffe oder Fahrstühle gehören zur Klasse jener angeborenen Furchtreize, die bei den meisten von uns zumindest ein leichtes Unbehagen verursachen. Die Angst vor Haaren, das Unbehagen vor Parfüm – derartige Ängste sind ja nicht angeboren. Sie müssen irgendwann einmal »gelernt«, unter bestimmten Umständen eingeübt worden sein.

Die Geschichte vom kleinen Albert

Zum Schluß hatte der kleine Albert nicht nur Angst vor Pelzen, sogar der Weihnachtsmann jagte ihm einen ungeheuren Schrecken ein. Was war geschehen?

Anfang der zwanziger Jahre machte der amerikanische Psychologe John Broadus Watson ein ethisch fragwürdiges Experiment: Er hatte das elf Monate alte Waisenkind Albert einige Wochen lang mit einer weißen Ratte spielen lassen. Das ist an sich nichts Ungewöhnliches: Albinoratten sind das klassische Versuchstier und im übrigen recht possierlich.

Eines Tages – als Albert gerade seine Ratte streicheln wollte – erschreckte er den Jungen durch einen plötzlichen lauten Gongschlag. Albert zuckte zusammen, begann zu schreien und krabbelte so schnell er konnte weg.

Einige Tage später, nach mehreren Wiederholungen dieses Versuchs, zeigte das Kind die gleichen starken Angstreaktionen – schon beim bloßen Anblick der Ratte.

Diese Furcht vor Ratten blieb, ja sie trat ebenso auf, als er mit einem Kaninchen konfrontiert wurde. Auch vor Hunden und schließlich vor allen Felltieren ergriff er sofort die Flucht. Selbst der Anblick von Pelzmänteln machte ihn ausgesprochen ängstlich.

Wenn das Wasser im Mund zusammenläuft ... Das Pawlowsche Konditionieren

Unerklärliche Ängste können wir erst verstehen, wenn wir uns die Grundvorgänge des Konditionierens verdeutlichen:

Der russische Physiologe Iwan P. Pawlow zeigte in Experimenten mit Hunden, wie Reaktionen auf bestimmte Reize erlernt werden können: durch »Konditionieren«.

1. Futter ist ein natürlicher, *angeborener Reiz für die* natürliche *Reaktion der Speichelsekretion. Es ist jedem Hund angeboren, beim Anblick und Geruch von Futter Speichel abzusondern. Man spricht von einer »unbedingten« Reaktion auf einen »unbedingten» Reiz.*

2. Dagegen ist der Ton einer Glocke in bezug auf die Speichelsekretion ein neutraler *Reiz. Ein Geräusch allein bringt keinen Hund dazu, Speichel abzusondern!*

3. Bei gleichzeitiger Koppelung von Futter und Glockenzeichen tritt jedoch Speichelsekretion auf.

4. Nach etlichen Wiederholungen der Kombination Futter und Glockenton verursacht bereits der Glockenton allein die Speichelsekretion. Der Hund hat etwas »gelernt«: Eine Konditionierung hat stattgefunden. Aus dem ehemals neutralen Reiz ist nun ein »bedingter«, konditionierter Reiz *geworden, der die* konditionierte Reaktion *Speichelabsonderung hervorruft.*

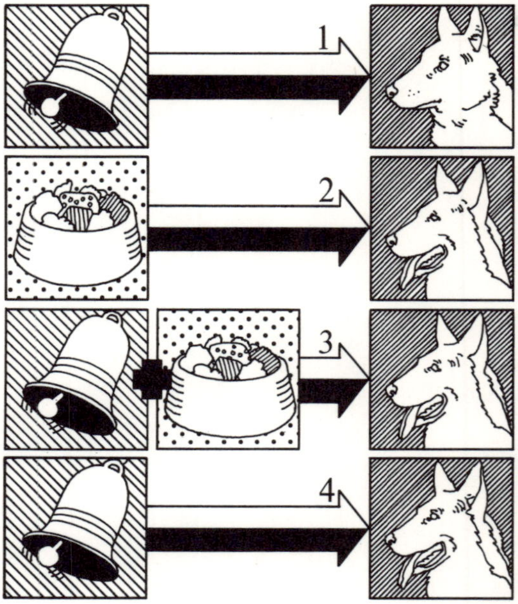

Lernen ist also nicht nur Erwerb von Wissen. Ein wichtiges Grundprinzip beim Erlernen von Verhaltensweisen ist das Konditionierungslernen.

Ein Säugling reagiert auf jeden neuen oder intensiven Reiz mit heftiger Erregung. Im Laufe unserer Entwicklung jedoch gewöhnen wir uns an die Mehrzahl dieser Reize; sie werden mit der Zeit neutral. Sind allerdings mit diesen nunmehr neutralen Reizen irgendwann unangenehme Erlebnisse – zum Beispiel Angstreaktionen – verknüpft worden, so »lernen« wir, auf diese Reize wieder mit Angst zu reagieren. Unter Umständen entsteht sogar eine Phobie. Die Hausfrau mit der Haar-Phobie, der Mann mit der Parfüm-Phobie – sie beide müssen einen Lernprozeß durchgemacht haben.

Der kleine Albert wurde konditioniert

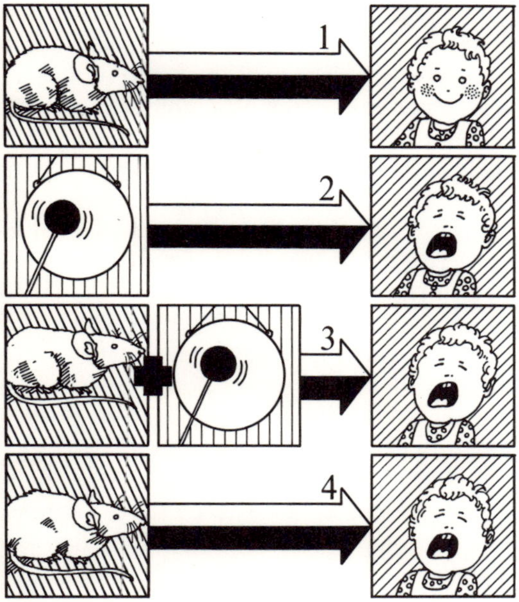

Was der Russe Pawlow mit seinen Hunden aufzeigte, das versuchte der US-Psychologe Watson in dem schon berühmt gewordenen Experiment mit dem kleinen Albert. Watson gelang es, mit Hilfe des Pawlowschen Konditionierens zu erklären, warum sehr viele Menschen auf eine große Anzahl von Reizen, die nicht schon von Natur aus Angstauslöser sind und von denen auch keine unmittelbare Bedrohung ausgeht, mit Angst reagieren. Er bewies so, daß es sich bei Phobien um konditionierte Furchtreaktionen handelt.

Die weiße Ratte war für Albert ein – in bezug auf Angstreaktionen – neutraler Reiz (1). Sie war seine Spielgefährtin, und er hatte keine Angst vor dem Tier.

Krach allerdings, nämlich der unerwartete Gongschlag, jagte dem kleinen Albert einen ungeheuren Schrecken ein (2). Ein so lautes Geräusch ist ein angeborener, unbedingter Reiz für Angst.

Wenn der unbedingte mit dem neutralen Reiz kombiniert und diese Paarung mehrmals wiederholt wird (3), dann wird der vormals neutrale Reiz zum bedingten, das heißt konditionierten Auslöser für Angst. Immer wenn sich der kleine Albert der Ratte näherte, wurde er durch Krach erschreckt. Albert zuckte zusammen und fing an zu schreien.

Nach wenigen Versuchen bereits vermochte die Ratte allein in Albert Furcht auszulösen (4). Alberts Angst vor der Ratte war also eine konditionierte Angstreaktion, denn seine Furcht trat auf einen nicht angeborenen Reiz (Ratte) hin auf.

Albert hatte nach diesen Experimenten jedoch nicht nur Angst vor einer bestimmten Ratte. Seine Phobie dehnte sich allmählich auf alle Ratten aus. Schließlich lösten selbst harmlose Kaninchen und sogar Pelze jeder Art in dem kleinen Jungen Unbehagen aus. Albert hatte seine Rattenphobie »generalisiert«.

Generalisation bedeutet: Die konditionierte Reaktion tritt auch bei Reizen auf, die dem ursprünglichen konditionierten Reiz mehr oder weniger ähnlich sind. Man kann zum Beispiel einen Hund auf einen Ton von ganz bestimmter Höhe konditionieren. Nach einiger Zeit reagiert er dann bereits auf das Läuten jeder beliebigen Glocke.

Für die Konditionierung einer phobischen Reaktion kann sogar eine einmalige Koppelung von natürlichem Angstauslöser und neutralem Reiz ausreichen. Das ist der Fall, wenn die Angst sehr heftig ist.

Konditionierung im Alltag

Das erste Mal trafen sie sich im Stadtcafé gegenüber dem Rathaus. Nach zwei Jahren enger Freundschaft kam die Trennung – im gleichen Café.

Sie – eine junge Bibliothekarin – wollte die Verbindung weiter bestehen lassen; er – ein junger Student – wollte seine Freiheit. Die Auseinandersetzung an diesem Abend war unangenehm, beleidigende Worte fielen. »Ich bin wirklich nicht sentimental«, sagte sie später zu ihrer Freundin, »aber jedesmal, wenn ich das Stadtcafé nur sehe, wird mir geradezu übel.«

Jeder von uns bringt nur einen kleinen Bestand von angeborenen Reflexen mit auf die Welt, nur wenige Verbindungen von unbedingten Reizen mit unbedingten, natürlichen Reaktionen, wie zum Beispiel angeborene Angstreaktionen auf neue, intensive Reize.

Dennoch sind diese wenigen natürlichen Reflexe ein solides Fundament, auf dem unsere Entwicklung aufbaut. Durch Konditionierung erwerben wir im Laufe der Zeit die Fähigkeit, auf Umweltreize immer differenzierter zu reagieren. Darin liegt der eigentliche biologische Sinn des Pawlowschen Konditionierens. Viele unserer Gewohnheiten sind auf solche »gelernten« Verbindungen von Reizen und Reaktionen zurückzuführen. Sie bewirken, daß wir uns nicht ständig neu orientieren müssen.

Nicht immer jedoch wirkt sich die Konditionierung positiv aus: Wir alle wissen, daß Gegenstände oder Situationen, die wir mit sehr unangenehmen Erlebnissen verbinden, auch dann noch negative Gefühle in uns hervorrufen, wenn wir ihnen in einem völlig neutralen Zusammenhang wiederbegegnen. So verspürt das junge Mädchen Unbehagen, wenn es sich dem Lokal nähert, in dem es die letzte unangenehme Auseinandersetzung mit seinem Freund hatte.

Viele unserer Vorlieben und Abneigungen entstehen durch Konditionierung. So können auch sprachliche Elemente, zum Beispiel Worte, zu Signalen für bestimmte emotionale Reaktionen werden. Ein Prinzip, das besonders intensiv in Werbung und politischer Propaganda genutzt wird: Ursprünglich neutrale Sprachelemente, zum Beispiel Namen, werden je nach Absicht mit »positiven« oder »negativen« Wörtern so oft wie möglich zusammengebracht.

Das Wort »Sozialismus« zum Beispiel ruft normalerweise keine Angst hervor, vor allem dann nicht, wenn es mit positiven Werten assoziiert wird. Wenn nun das neutrale Reizwort »Sozialismus« mit dem beim Zuhörer angstauslösenden Reizwort »Gefahr« immer wieder gekoppelt wird, dann findet eine Konditionierung statt. »Sozialismus« ist bald ein konditionierter Reiz, der allein zum Angstauslöser geworden ist.

Können wir Angst vergessen?

Durch Konditionierung »gelernte« Verhaltensweisen sind normalerweise durchaus wandlungsfähig.

Die enttäuschte junge Frau läßt sich von ihrer Freundin dazu bewegen, das Lokal, in dem die unangenehme letzte Auseinandersetzung mit ihrem Ex-Freund stattfand, einmal wieder aufzusuchen – trotz des Unbehagens, das sie an diesem Ort auch nach Monaten noch verspürt. Doch sie macht die Erfahrung, daß sich das ursprüngliche negative Erlebnis in diesem Café nicht wiederholt. Allmählich, nach mehreren Besuchen in dem bewußten Lokal »lernt« sie, dort nicht mehr mit Angst und Übelkeit zu reagieren. Ihre Furchtreaktion ist »gelöscht« worden.

Hätte Pawlow seinem Hund den konditionierten Reiz »Glockenton« immer wieder dargeboten, ohne ihm gleichzeitig Futter zu reichen, dann wäre dieser bedingte Reiz allmählich wieder zum neutralen Signal geworden. Der Psychologe spricht hier von »Löschung«. Die konditionierte Reaktion tritt immer seltener auf; zum Schluß reagiert das Versuchstier auf den Glockenton hin nicht mehr mit Speichelfluß.

Wenn wir wiederholt einen konditionierten Reiz empfangen, ohne daß dieses Signal zusammen mit dem unkonditionierten, natürlichen Reiz auftritt, dann wird unsere konditionierte Reiz-Reaktions-Verbindung langsam wieder gelöscht, sie wird allmählich »vergessen«.

Leider befinden sich jedoch die meisten Menschen in einem regelrechten Teufelskreis: Wir wissen zum Beispiel, daß wir Angst davor haben, einen Fahrstuhl zu betreten. Also meiden wir Fahrstühle. Wir geben unserer konditionierten Angstreaktion, die auf den konditionierten Reiz »Fahrstuhl« hin auftritt, einfach nicht die Chance, gelöscht zu werden. Sind wir also nach Jahren wirklich einmal gezwungen, einen Fahrstuhl zu betreten, ist unsere Angstreaktion so intensiv wie am ersten Tag. Denn konditionierte Reaktionen »halten« sehr lange. Sie zu löschen erfordert, sich den konditionierten Reizen auszusetzen, die sie auslösen.

Die Fahrstuhlangst könnten wir gerade dadurch bekämpfen, daß wir Fahrstuhl fahren, Angst im Flugzeug dadurch, daß wir fliegen, – indem wir uns also immer wieder den konditionierten Reizen aussetzen und sie dadurch allmählich wieder neutralisieren.

Warum haben wir eher Angst vor einer Ratte …

Wenn ein Mensch eine Phobie hat – also auf bestimmte Situationen, mit denen objektiv keine Gefahr verbunden ist, mit großer Angst reagiert –, dann müssen wir annehmen, daß ein Konditionierungslernen stattgefunden hat. Nicht immer jedoch ist die ursprüngliche Konditionierungssituation zu rekonstruieren, und nicht immer kennen wir den ursprünglichen, natürlichen Angstreiz. Bei Albert war es der furchtbare Krach; ebensogut hätte es ein plötzlicher Schmerz sein können.

Oftmals geraten wir auch in Situationen, in denen wir die natürlichen Angstreize gar nicht oder nur sehr schwach angstauslösend erleben. Der menschliche Organismus hat jedoch die Fähigkeit, Erfahrungen zu speichern und zu summieren, so daß bestimmte, in diesen Situationen zufällig immer wieder auftretende neutrale Reize zu konditionierten Angstreizen werden können.

Situationen, die aktuell nur ein leichtes Unbehagen ausgelöst haben, können mit der Zeit intensive Angstreaktionen hervorrufen, wenn sie sich häufig wiederholen.

Hier die Rekonstruktion einer Straßenbahn-Phobie:

»Straßenbahn-Fahren hatte mir an sich nie etwas ausgemacht. – Auch als ich schon im fünften Monat schwanger war, mußte ich mehrmals in der Woche mit der Tram durch die Stadt fahren. Während dieser Zeit litt ich unter Unwohlsein. Oftmals auch unter plötzlich auftretender heftiger Übelkeit und Brechreiz. Aber im Zustand der Schwangerschaft ist das ja normal. Vor allem an heißen Sommertagen, wenn die Straßenbahn vollbesetzt war – schlechte Luft, unangenehme Gerüche –, wurde mir immer sehr schlecht. Und dann bekam ich Schweißausbrüche und diese Angst. Aber es waren schließlich nur vier Haltestellen bis zu meinem Arzt … ich dachte, es ist das beste, wenn ich einfach gar nicht daran denke. Ich habe mir mein Unbehagen regelrecht ›verkniffen‹ … Ja, und dann kam der Kleine auf die Welt.«

Erst drei Jahre später steigt die Patientin wieder in eine Straßenbahn ein. Sofort überkommt sie unerklärliche Übelkeit. Übermäßige Angst läßt sie schon an der nächsten Haltestelle wieder aussteigen. Den Rest geht sie zu Fuß. Auch auf weitere Versuche, mit der Straßenbahn zu fahren, reagiert sie mit Angst.

... als vor einem Stein?

Wie ist es zu dieser Straßenbahn-Phobie gekommen?

Der natürliche, auf die Schwangerschaft zurückzuführende Angstreiz »Übelkeit« ist wiederholt gleichzeitig mit dem zunächst noch neutralen Reiz »Straßenbahn« aufgetreten. Im Laufe der Zeit ist der harmlose Reiz »Straßenbahn« zu einem konditionierten Angstauslöser geworden. Dabei wurde die im Zustand der Schwangerschaft negative Erfahrung »Straßenbahn-Atmosphäre« gespeichert und summiert.

Was entscheidet nun darüber, welcher der neutralen Reize, die in einer natürlichen angstauslösenden Situation zufällig zugegen sind, zum konditionierten Reiz wird? Warum war es beim kleinen Albert die Ratte, warum nicht die im gleichen Raum stehenden Bauklötze? Warum war es bei der schwangeren Frau die Straßenbahn und nicht die Uniform des Schaffners?

Die experimentelle Angstforschung hat gezeigt, daß nicht jeder beliebige Umweltreiz geeignet ist, zum Furchtauslöser zu werden.

Bestimmte neutrale Reize erwerben diese Fähigkeit besonders leicht. Dazu gehören insbesondere die Objekte und Situationen, die Gray in den vier Kategorien der natürlichen Angstreize zusammengefaßt hat (siehe dazu Seite 29).

Ein Tier wird leichter zum Angstauslöser als ein »toter« Stein. Wenn ein bestimmter Gegenstand etwa »schlangenähnlicher« aussieht als ein anderer, so hat er eher die »Chance«, konditionierter Reiz zu werden. Auch längst vergessene, vielleicht früher negative Erfahrungen beeinflussen die »Wahl« des Angstauslösers.

Die Wissenschaftler sprechen von »Sensibilisierung«, wenn ein Individuum auf ganz bestimmte Signale besonders aufmerksam reagiert; wenn ein Reiz einen bestimmten Aufmerksamkeitswert besitzt, der zwar nicht gleich Angst auslösen muß, aber doch ein gewisses Maß an Erregung verursacht.

Wenn Sie jetzt schon wissen wollen, für welche Kategorien von Angstreizen Sie besonders »sensibel« sind, dann machen Sie Test 3 auf Seite 70.

Neutrale Reize können zum Angstauslöser werden unter zwei Voraussetzungen: Es muß eine gewisse »Sensibilisierung« für diese Art von Reizen vorliegen, und es müssen eine oder mehrere Konditionierungen stattgefunden haben.

Nun können aber neutrale Reize, die in der Konditionierungssituation gar nicht zugegen waren, auf einmal ebenfalls die sinnlose Angst auslösen. Wie kommt das?

Erinnern wir uns: Die Furcht des kleinen Albert vor Ratten, die im Labor künstlich erzeugt worden war, dehnte sich zum Schluß auf alles Fell- und Pelzartige aus. Es kam also zu einer Ausbreitung der angstauslösenden Qualitäten auf alle Reize, die dem ursprünglichen konditionierten Reiz ähnlich waren. Zu einer solchen »Reizgeneralisierung« kommt es bei den meisten Phobien. So können aus einer Wurzel viele Ängste entstehen – aus einer Straßenbahnphobie die Angst, mit dem Zug oder dem Auto zu fahren, oder Furcht vor Fahrstühlen und engen Räumen.

Im Laufe der Zeit können wir Angst wieder vergessen – »löschen«. Dieser Prozeß dauert aber um so länger, je stärker die Reizgeneralisation fortgeschritten ist.

Haben Sie Hintergrund-Ängste? Die »Pseudo-Konditionierung«

Jeder von uns hat angeborene »Hintergrund-Ängste«. Das sind Ängste, die wir bewußt gar nicht oder nur sehr schwach erleben. Der eine steigt nicht besonders gern auf eine hohe Leiter, weil ihm leicht schwindelig dabei wird, ein anderer meidet düstere enge Räume, weil er sich dort unsicher und eingeschlossen fühlt. In der Regel machen uns diese Hintergrund-Ängste nicht viel aus. Sie engen uns nicht ein. Wir leben mit ihnen, ohne sie störend zu empfinden.

Diese Hintergrund-Ängste können allerdings durch starke emotionale Erschütterungen so aktiviert werden, daß wir sie als intensive, uns behindernde Ängste verspüren. Im Extremfall können sie sich sogar zu einer ausgewachsenen Phobie entwickeln.

Die Wissenschaft spricht in solchen Fällen von »Pseudo-Konditionierung«: denn es hat keine direkte Paarung von unbedingten Angstreizen und neutralen Reizen stattgefunden. Die störenden, sinnlosen Ängste entstehen bei der Pseudo-Konditionierung nach einem anderen Prinzip: Das Reaktionssystem Angst ist eine Zeitlang so oft ausgelöst worden, daß es nunmehr schon bei ganz schwachen Angstsignalen anspringt. So kann nach einem schweren Erlebnis plötzlich die allgemeine Ängstlichkeit zunehmen:

Richtige Angst vor der Dunkelheit hatte die 32jährige Elke M. eigentlich nie verspürt.

Elke M. hing sehr an ihrem Vater. Unerwartet plötzlich verstarb er an den Folgen eines Herzinfarkts. Sie konnte den Tod ihres Vaters nicht verwinden.

Erst fünf Jahre später erzählte sie ihrem Hausarzt von ihren Schwierigkeiten: »Ich kann einfach keinen dunklen Raum mehr betreten. Ich bekomme dann fürchterliche Angstgefühle. Auch habe ich Angst, auf den Dachboden zu gehen. Mich überkommen Schwindelgefühle, wenn ich in die Tiefe sehe. Seltsamerweise verspüre ich dieses Unbehagen erst so stark seit dem Tod meines Vaters.«

6 Angst und Persönlichkeit

Sind Sie stabil oder labil?

»Der hat ja ein ziemlich schwaches Nervenkostüm!« oder »Der muß ja Nerven wie Drahtseile haben!«

Beide Redensarten sind gar nicht so aus der Luft gegriffen. Der russische Physiologe Pawlow kam durch seine zahlreichen Experimente tatsächlich zu der Annahme, daß es Menschen mit »starkem« und Menschen mit »schwachem« Nervensystem geben müsse. Eine ganz ähnliche Auffassung vertraten später unter anderen auch die englischen Psychologen Hans-Jürgen Eysenck und Jeffrey A. Gray.

In zahlreichen Einzelstudien untersuchte Eysenck die Frage, welche Gemeinsamkeiten zwischen zwei Gruppen von Patienten bestehen: denen, die übermäßige Angst, psychosomatische Störungen und depressive Reaktionen entwickeln, und jenen, die ständig Schwierigkeiten haben, sich an die Spielregeln des gesellschaftlichen Zusammenlebens zu halten.

Das Ergebnis: Die Personen der ersten von Eysenck untersuchten Patientengruppe waren alle stark introvertiert, die der zweiten stark extravertiert. Bei aller Verschiedenheit glichen sich die beiden Gruppen jedoch in einer Persönlichkeitseigenschaft: Sämtliche Patienten wiesen eine außergewöhnliche emotionale Labilität und eine besonders leichte Ansprechbarkeit ihres vegetativen Nervensystems auf.

Sie hatten alle ähnliche Positionen auf der Eigenschaftsskala »stabil – labil« (siehe Abbildung).

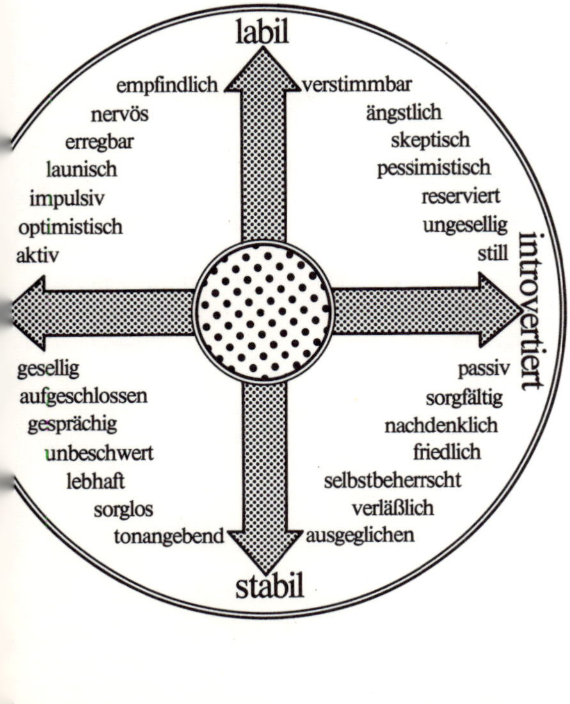

Das Bild zeigt die Zusammenhänge zwischen den beiden Persönlichkeitsdimensionen »stabil–labil« und »extravertiert–introvertiert«. Je nach den Positionen, die ein Mensch auf diesen beiden Hauptachsen einnimmt, lassen sich bei ihm verschiedene Persönlichkeitsmerkmale beobachten.
(Nach H.-J. Eysenck)

Sind Sie introvertiert oder extravertiert?

Die Menschen unterscheiden sich, wie wir bereits aus Kapitel 3 (Seite 20) wissen, in ihrer individuellen Angstbereitschaft. Die Gefühlsansprechbarkeit und die sie begleitenden Reaktionen des autonomen Nervensystems sowie die Fähigkeit zur Adaptation an neue Reize können also dem Grade nach unterschiedlich ausgeprägt sein.

Stabile Persönlichkeiten sind ruhig, gelassen und selbstbewußt. Ihre Emotionen sind weniger stark, ihr autonomes Nervensystem funktioniert ausgeglichen. Menschen, die sich mehr im *labilen* Bereich der Skala »stabil – labil« bewegen, sind eher launisch, nervös, oft mutlos, wenig entschlußfreudig und haben einen Hang zu Träumereien. Ihre Emotionen sind intensiv und leicht zu aktivieren. Neurotiker und vor allem Phobiker müssen zu den eher labilen Menschen gerechnet werden.

Es ist allerdings nicht leicht, eindeutige Zuordnungen zu treffen: Nur die wenigsten Menschen kann man dem einen oder anderen Extrem zuordnen. Die meisten von uns liegen im Mittelfeld zwischen den beiden Polen.

So erreichen zum Beispiel im Test auf Labilität (Seite 56) nur rund zwei Prozent unserer Mitmenschen so hohe Punktwerte, daß sie dann als »sehr labil« bezeichnet werden können. Ebensowenige Menschen können wir zu den »sehr stabilen« rechnen. Im Mittelbereich der Skala liegen dagegen rund 64 Prozent. Zu den Kategorien »eher stabil als labil« und »eher labil als stabil« zählen jeweils 34 Prozent der Testpersonen.

Sind Sie mehr »stabil« als »labil«? Wenn Sie Ihre Position auf dieser Persönlichkeits-Skala interessiert, machen Sie den Test 1 auf Seite 56.

Vielleicht wissen Sie jetzt, ob Sie zu den mehr stabilen oder mehr labilen Menschen gehören. – Doch es gibt noch eine weitere wichtige Persönlichkeitsdimension. Die von Eysenck untersuchten Patienten glichen sich zwar in ihrer Labilität, sie nahmen jedoch sehr verschiedene Positionen auf der Skala »introvertiert-extravertiert« ein.

Wie würden Sie sich einschätzen: Halten Sie sich eher für introvertiert oder für extravertiert?

Der *introvertierte* Typus begegnet uns als ein nach innen gewendeter Mensch; er ist überaus gewissenhaft, wenig gesellig. Er wirkt gehemmt und ist übervorsichtig, zieht sich gern zurück und meidet allzuviel Trubel; starken Umweltreizen versucht er meistens auszuweichen.

Umgekehrt beim *extravertierten* Menschen: Er braucht die Anregung von außen, liebt Geselligkeit und Abwechslung; er ist allgemein optimistischer eingestellt und auch handlungsfreudiger als der Introvertierte, dessen ernsthaftes Wesen sich im Abwägen, manchmal auch im Zögern zeigt. Und im Extremfall gelingt es dem Extravertierten nur schwer, impulsive Handlungen unter Kontrolle zu halten. Er neigt dazu, spontan zu handeln und – im ungünstigen Fall – gegen gesellschaftliche Spielregeln oder sogar gegen Gesetze zu verstoßen.

Ähnlich wie bei der Dimension »stabil-labil« lassen sich auch auf der Skala »introvertiert-extravertiert« nur sehr wenige Menschen eindeutig dem einen oder dem anderen Extrem zuordnen. Es ist jedoch möglich festzustellen, wie weit ein Mensch zum einen oder anderen Pol hin tendiert.

Die »Erregungs-Hemmungs-Hypothese«

Neuere Forschungen zeigen, daß die Wesensunterschiede zwischen introvertierten und extravertierten Menschen auf hirnphysiologischen Grundlagen beruhen.

Eysenck hat eine Theorie aufgestellt, die er die »Erregungs-Hemmungs-Hypothese« nennt. Er geht davon aus, daß ein bestimmtes Zentrum im Bereich des Stammhirns und Zwischenhirns für die Aktivierung beziehungsweise Hemmung des Erregungsniveaus der Großhirnrinde verantwortlich ist. Dieses Zentrum ist die »reticuläre Formation« (von lat. *reticularis* = netzartig), ein Netz von dicht miteinander verflochtenen Nervenfasern.

Gehen von der reticulären Formation mehr erregende als hemmende Impulse aus, ist die Reizempfindlichkeit der Großhirnrinde erhöht. Überwiegen hingegen die hemmenden Impulse der reticulären Formation, wird die Aktivität der Großhirnrinde vermindert. Je nach dem Erregungsgrad der Hirnrinde werden Umweltreize schneller und intensiver oder aber langsamer verarbeitet.

Wir haben gesagt, introvertierte Typen begegnen uns als nach innen gekehrte Menschen, sie schirmen sich gegen die Außenwelt ab. Eysencks Hypothese erklärt das damit, daß beim Introvertierten die reticuläre Formation im allgemeinen mehr erregende als hemmende Impulse aussendet. Deshalb ist seine Großhirnrinde wesentlich reizempfindlicher als die des Extravertierten. Die Folge ist: Er verarbeitet Umweltreize sehr schnell und intensiv und lernt in einer Hinsicht schneller – er ist leichter konditionierbar.

Ein extravertierter Mensch hingegen empfängt in seiner Großhirnrinde mehr hemmende als erregende Impulse von der reticulären Formation. Er kann sich deshalb vermehrt den Außenreizen aussetzen. Er braucht »erregende« Umweltsignale und sucht sie geradezu.

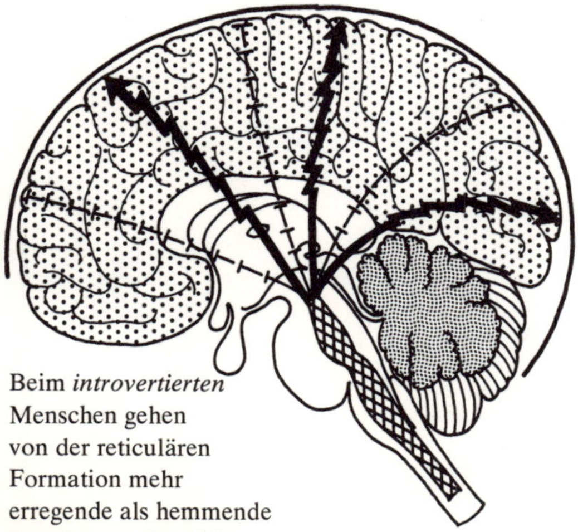

Beim *introvertierten* Menschen gehen von der reticulären Formation mehr erregende als hemmende Impulse zur Großhirnrinde.

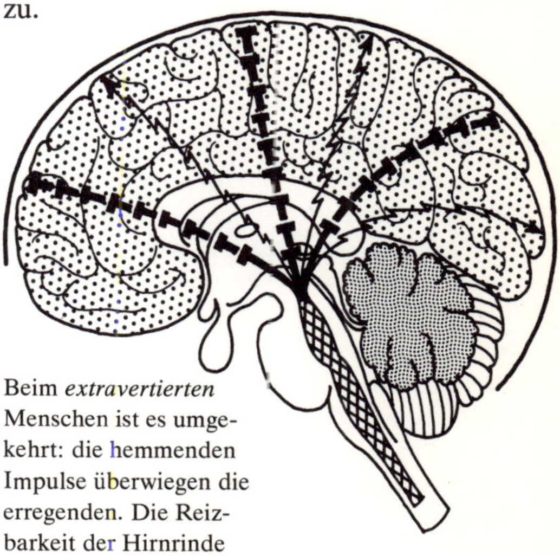

Beim *extravertierten* Menschen ist es umgekehrt: die hemmenden Impulse überwiegen die erregenden. Die Reizbarkeit der Hirnrinde ist damit niedriger als beim Introvertierten.

Der Introvertierte ist gefährdeter

Was können nun die Positionen auf den beiden Persönlichkeits-Skalen »stabil-labil« und »introvertiert-extravertiert« über unser Angstverhalten aussagen?

Die Position auf der Skala »stabil-labil« gibt uns Aufschluß darüber, wie intensiv wir in einer Angstsituation erregt werden. Die Position auf der Dimension »introvertiert-extravertiert« gibt Aufschluß über unsere Konditionierbarkeit. Sie zeigt damit auch an, wie leicht ehemals neutrale Reize für uns zu konditionierten Angstauslösern werden können.

Introvertierte Menschen, die sehr labil sind, entwickeln nach Eysenck eher Phobien, Depressionen und Zwangsvorstellungen. Extravertierte mit gleicher Labilität hingegen sind anfällig für hysterische und psychopathische Störungen. Beim extrem extravertierten Menschen besteht die Gefahr, daß er die gesellschaftlichen Normen durchbricht; er »rutscht« leichter aus.

»Tu das nicht – sonst« gehört nach der Auffassung des englischen Psychologen Gray zu den meistgebrauchten Selbstinstruktionen des Introvertierten. Er »verbietet« sich impulsive Verhaltensweisen; denn er wird nervös, wenn er einem Übermaß von Reizen ausgesetzt ist. Sein Risiko liegt in der Ausprägung irrationaler Ängste, die häufig die Gestalt phobischer Symptome annehmen.

Eine klassische Methode, im Labor die Konditionierbarkeit eines Menschen festzustellen, ist das Experiment mit dem Lidschluß-Reflex: Trifft ein plötzlicher Luftstoß unser Auge, so schließen wir das Augenlid unwillkürlich. Das ist eine unbedingte Reaktion, also eine angeborene, natürliche Schutzreaktion.

Die meisten anderen Reize, zum Beispiel ein Glockenton, bringen die Versuchsperson nicht zu dieser Reaktion. Treten Luftstoß und Glockenton nun mehrmals zusammen auf, so kann nach einer gewissen Zeit allein das akustische Signal die Lidschluß-Reaktion auslösen.

Man fand mit diesem Test heraus, daß die introvertierten Testpersonen wesentlich schneller die konditionierte Reaktion zeigten als extravertierte.

Eysenck nahm dieses Versuchsergebnis als Beleg für seine »Erregungs-Hemmungs-Hypothese«: Introvertierte bilden bedingte Reaktionen schneller und stärker aus als Extravertierte.

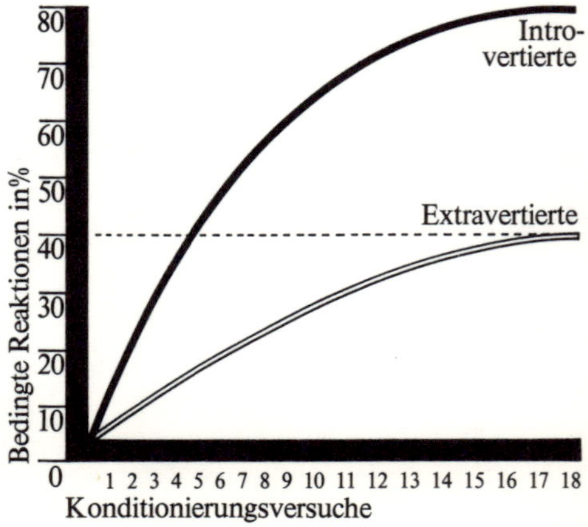

7 Wie Phobien entstehen können

Ängste, die wir nicht verstehen

Wissenschaftler sprechen immer dann von einer Phobie, wenn ein Mensch übermäßige Angst vor objektiv ungefährlichen Dingen oder Situationen hat, die bei den meisten Menschen keine Furcht auslösen; oder wenn ein augenscheinliches Mißverhältnis zwischen der Furchtreaktion und der mit der Situation oder dem Objekt tatsächlich verbundenen Gefahr besteht.

Wir kennen Menschen,

- *die aus Angst keine Brücke betreten,*
- *die sich vor harmlosen Insekten fürchten,*
- *die konsequent den Fahrstuhl meiden,*
- *die es nicht wagen, ein Hochhaus zu betreten,*
- *oder die beim Arzt mit allen Anzeichen panischer Angst selbst harmlose Injektionen verweigern.*

Doch auch die Mehrzahl der Situationen – in der Regel angeborene Angstreize –, die bei den meisten von uns ein leichtes Unbehagen auslösen, sind normalerweise nicht so furchterregend, daß wir sie meiden.

So gewöhnen wir uns zum Beispiel an das Hinunterschauen von sehr großen Höhen, an das Eingeschlossensein in engen Räumen oder sogar an den Anblick verletzter Menschen im Straßenverkehr. Jeder Mediziner erinnert sich, daß er als Student anfangs noch ein heftiges Unbehagen verspürte, wenn er Blut sah. Mit zunehmender Erfahrung wurde er ruhiger.

Wir haben die Fähigkeit, uns an die meisten furchtauslösenden Situationen und Objekte zu gewöhnen, wenn wir ihnen wiederholt begegnen.

Deshalb können wir auch in tatsächlich gefährlichen Situationen relativ gleichmütig reagieren. Wäre das nicht möglich, dann wären wir zum Beispiel nicht fähig, trotz vieler tatsächlicher Gefahrenmomente im heutigen Straßenverkehr gelassen Auto zu fahren. Selbst der Gedanke an den Tod oder an Krankheiten löst keine ständigen Angstgefühle in uns aus.

Vermeiden »verstärkt« die Angst

Ein Mann hat Angst vor Parfüm-Gerüchen. Eine Frau fürchtet sich vor Haaren ... Diese Reaktionsweisen sind den meisten Menschen völlig unbegreiflich. Nur selten können wir die sinnlosen Ängste anderer verstehen, da wir in der Regel die Entstehungsgeschichte nicht kennen.

Warum entwickeln sich aber bei manchen Menschen Phobien?

Wir wissen, daß vegetativ und emotional labile Menschen leichter und intensiver erregbar sind als stabile. Sie können sich nur schwer an eine angstauslösende Situation gewöhnen, sie adaptieren im allgemeinen langsamer als stabile Typen. Die Folge ist, daß labile Menschen in der furchtauslösenden Situation mit größerer Angst reagieren.

Hatten Sie Angst, als Sie das erste Mal in ein Flugzeug stiegen? Vielleicht haben Sie festgestellt, daß bereits nach dem zweiten oder dritten Flug Ihre Furchtgefühle immer schwächer wurden. Sie reagierten immer gelassener, da Sie sich zunehmend an die neue Situation gewöhnen konnten. Heute macht Ihnen das Fliegen Spaß. Wahrscheinlich gehören Sie dann zu den Menschen, die sich schneller an Angstreize gewöhnen.

Labile Menschen benötigen wesentlich mehr Zeit, bis es zur Abschwächung der Angstreaktion kommt. Gehört ein Mensch mit hoher Labilität auch noch zum Typ des leichter konditionierbaren Introvertierten, besteht in besonderem Maß die Gefahr, daß er eine Phobie entwickelt.

Ein emotional labiler Mensch, der zum Beispiel unter starker Flugangst leidet, wird sich aufgrund seiner starken Erregung auch nach mehreren Flugreisen nicht an die furchtauslösende Situation gewöhnen. Ist er außerdem introvertiert, kann es sogar zu einer fortlaufenden Steigerung der Angst kommen, denn alle in der Angstsituation auftretenden angstneutralen Reize (zum Beispiel die Uniformen der Stewardessen) können zu konditionierten Angstauslösern werden. Und beim nächsten Flug, wenn die Erregung wieder sehr stark ist, werden alle diese Konditionierungen aufgefrischt.

Woran liegt es nun, daß viele dieser Menschen ihre Ängste trotz intensiver Bemühungen meistens nicht überwinden, auch wenn sie sich klar machen, daß keine objektive Gefahr besteht?

Wer eine Phobie hat, wird meist versuchen, die angsterregende Situation zu meiden. Durch dieses Vermeidungsverhalten erhält der konditionierte Angstreiz auch keine Chance, wieder gelöscht zu werden.

Aber gerade das Vermeiden einer furchtauslösenden Situation dürfte die Angst doch nicht steigern? Ein Widerspruch? Nein.

Viele Lernprozesse, die wir in unserem Leben durchmachen, laufen nach dem psychologischen Prinzip der »Verstärkung« ab: Hat eine Handlung für uns positive, angenehme Konsequenzen, sind wir also erfolgreich, so fühlen wir uns bestärkt. Wir sind motiviert, diese Handlung zu wiederholen.

Vermeiden wir eine bestimmte angstauslösende Situation, dann werden wir dadurch »belohnt«, daß der negative Reiz nicht aufgetreten ist. Unser Vermeidungsverhalten wird also verstärkt. Wir leiden aber weiterhin unter unserer Phobie, ja wir verschlimmern sie sogar, weil wir nun verstärkt dazu neigen, der furchtauslösenden Situation auszuweichen.

Die Geschichte der Dagmar S.

Die 42jährige Dagmar S. liegt frisch operiert in einem weiß getünchten Einzelzimmer des Städtischen Krankenhauses. Sie will sich aufrichten, fühlt sich aber zu schwach. Die plötzliche Hilflosigkeit erschreckt sie. Schweiß bricht aus, ihre Erregung steigert sich so sehr, daß sie glaubt, sterben zu müssen. Es gelingt ihr schließlich, gerade noch die Klingel zu erreichen.

Der Stationsarzt beruhigt die Patientin: Eine vorübergehende Kreislaufschwäche nach der Operation sei durchaus normal und harmlos. Dagmar S. fühlt sich wohler.

Die kahle Leere des Raumes am nächsten Morgen versetzt sie erneut in den Zustand übermäßiger Erregung. Dagmar S. wird deshalb in ein Mehrbettzimmer verlegt. Die Möglichkeit, mit den zwei anderen Frauen sprechen zu können, empfindet sie als eine Wohltat. Sie geht ihrer Genesung schnell entgegen.

Zu Hause – allein in ihrem frischgestrichenen großen Schlafzimmer – befällt sie eine unerklärliche Angst. Schweißausbrüche, Atemnot und starkes Herzklopfen machen sie noch unruhiger. Der Hausarzt kann jedoch nichts Organisches feststellen. Dagmar S. ist körperlich gesund.

Nun zieht sie in das farbenfrohe, lebendig eingerichtete Zimmer ihrer Tochter um und fühlt sich besser. Aber ihre Erregungs- und Angstzustände wiederholen sich im hellgekachelten Bad und in der weißgestrichenen Küche. Nur im Wohnzimmer, wenn sie durch Fernsehen oder Gespräche abgelenkt wird, ist sie für einige Zeit frei von Angstgefühlen.

Als sie nach einiger Zeit das Haus wieder verläßt, überfällt sie jedesmal Angst, wenn sie an langen, weißen oder grauen Hausmauern vorbeigehen muß, die dem Auge keinen Halt, keine Abwechslung bieten. Bald empfindet sie Panik, wenn sie leere Straßen oder größere Plätze überqueren muß.

Die Geschichte des Hermann L.
Die Geschichte der Brigitte F.

»Privatleben? Was ist das? Ich bin schon zufrieden, wenn ich einmal ausschlafen kann!«

Herman L., 42, fühlt sich in letzter Zeit ausgesprochen unwohl. Er ist ständig übernervös und klagt über Magenbeschwerden. Vom Hausarzt kehrt er unbefriedigt zurück: »Ihnen fehlt im Grunde nichts!« Körperlich gesund, einige Pillen und Tropfen für den Magen... Hermann L. resigniert. Urlaub müßte ich dringend nehmen, entspannen...

Doch die nächsten Ferien liegen noch in weiter Ferne. Als Inhaber einer Werbeagentur hat er selten Zeit für seine Familie oder sich selbst. Termine jagen ihn, der Tag müßte 48 Stunden haben! Ständig fühlt er sich alarmiert, auch der geringste Anlaß schon bringt ihn »auf die Palme«. »Eigentlich bin ich manchmal meinen Mitmenschen gegenüber ziemlich ungerecht, wenn irgend etwas nicht gleich klappt.«

Hermann L.s Stärke war früher immer sein selbstbewußtes und sicheres Auftreten. Aber die Hektik der letzten Monate hat von seiner ehemaligen Sicherheit wenig übrig gelassen. Hermann L. leidet plötzlich unter Angst und Depressionen.

Brigitte F. denkt seit einiger Zeit oft an Scheidung. Die Spannungen zwischen ihr und ihrem Ehemann sind unerträglich geworden. Doch die letzte Konsequenz, den Weg zum Scheidungsanwalt, wagt sie nicht.

Sie hat Angst. Ihrer Freundin sagt sie: »Was soll ich denn machen, wenn ich auf mich allein angewiesen bin? Ich bin jetzt 35 Jahre alt, ich habe keine oder nur geringe Chancen, in meinem ehemaligen Beruf wieder etwas Passendes zu finden. Welche Firma stellt schon eine Frau ein, die mehr als zehn Jahre nur Hausfrau gewesen ist? Und wenn ich es mir richtig überlege, bietet mein jetziges Leben ja auch einige Vorteile. Gesichertes Auskommen, ich kann mir den Tag so einrichten, wie ich will. Aber wenn mein Mann dann am Abend nach Hause kommt, möchte ich am liebsten weglaufen. Ich bekomme keine Luft mehr, wenn ich ihn sehe! Die ewige Streiterei zerrüttet mich immer mehr, ich kann diese ständige Aufregung einfach nicht länger aushalten. Das Schlimmste ist, daß sich nichts ändern wird, ich sehe einfach keinen Ausweg mehr, keine Lösung!«

Angst hat viele Wurzeln

Die Geschichte der Patientin Dagmar S. zeigt die typische Entstehung einer Phobie durch Konditionierung. Obwohl die ursprüngliche, natürliche Angstquelle – Kreislaufschwäche nach der Operation und Hilflosigkeit – längst beseitigt, ihr Gesundheitszustand also wieder hergestellt ist, überfallen sie Angstzustände auch noch lange Zeit nach dem Krankenhausaufenthalt. Der Anblick von kahlen, weißen Zimmerwänden versetzt sie in einen Zustand übermäßiger Erregung. Ihre Angst dehnt sich im Laufe der Zeit sogar auf Hausmauern, leere Straßen oder größere Plätze aus.

Der im Zustand ihrer Krankheit anwesende neutrale Reiz – kahle weiße Wände – ist zum konditionierten Angstauslöser geworden. Eine scheinbar unerklärliche Phobie ist entstanden.

Neben dem Konditionierungslernen gibt es auch noch weitere Entstehungs-Mechanismen für Phobien und andere Ängste:

• Ein Beispiel dafür ist *chronische Überforderung,* die den Organismus in einen permanenten Alarmzustand versetzt. Einen Manager wie Hermann L., der zu fortwährender Aktivität gezwungen ist, der ständig erfolgreich sein muß, den laufend Termine jagen, können selbst geringfügige Anlässe schon aufs äußerste erregen. Diese emotionalen Reaktionen haben oft den Charakter von Angstzuständen.

• Auch *Konfliktsituationen* wie bei Brigitte F. können Ursache für irrationale Angstzustände sein: wenn ein Mensch also keinen Ausweg sieht und gezwungen ist, ständig mit der Belastung aufgeschobener Entscheidungen zu leben.

• Ein Kind lernt viele Verhaltensweisen, indem es seine Eltern nachahmt. Verhält sich zum Beispiel eine Mutter übertrieben ängstlich, so nimmt auch die allgemeine Ängstlichkeit ihres Kindes zu. Denn bei Kindern spielt gerade das *Beobachtungs-Lernen* eine wichtige Rolle. Sie neigen dazu, die Verhaltensweisen der Erwachsenen zu imitieren.

• Es gibt jedoch auch *physiologische Angstquellen.* Bestimmte körperliche Erkrankungen, zum Beispiel Leberkrankheiten oder Mangel an Vitamin B_1, können plötzlich auftretende Angstzustände verursachen.

Wichtig ist: Bei allen unerklärlichen Angstzuständen muß unbedingt der Arzt aufgesucht werden. Und wenn der Hausarzt dann sagt, Sie seien organisch völlig gesund – bestehen Sie darauf, zu einem Verhaltenstherapeuten oder Psychotherapeuten überwiesen zu werden.

8 Alltags-Strategien gegen Angst

Vermeiden als klassische Form der Angstbewältigung »Gebranntes Kind scheut das Feuer«

Kampf und Flucht sind die zwei klassischen Strategien, um Angst zu bewältigen. Wir können heute jedoch nur wenigen konkreten, angstauslösenden Objekten noch mit »Kampf« begegnen. Also überwiegt meist der Drang, die Flucht zu ergreifen. Aber: Der Mensch hat die Fähigkeit, rational zu handeln, und kann so oftmals seine Angst mindern oder sie völlig überwinden.

Was aber, wenn wir wissen, daß wir uns vor einer bestimmten Situation, einem Menschen, einem Objekt fürchten – aber auch wissen, daß wir in diesem Fall durch rationales Handeln unsere Angst nicht bewältigen können? Wenn wir also wissen, daß wir vor dem Angstreiz ohnehin die »Flucht« ergreifen würden? Dann ist es nur logisch, daß wir solche Situationen, Menschen oder Dinge von vornherein *meiden.*

Unser Vermeidungsverhalten wird nach dem psychologischen Prinzip der »Verstärkung« (siehe Seite 44) eingeübt: Wenn wir einer furchterweckenden Situation entgehen, werden wir »belohnt«; denn wir haben ja die befürchtete Angst nicht erlebt.

Das Ehepaar M. versteht sich glänzend. Nur bei der Urlaubsfrage kommt Streit ins Haus. Er, passionierter Bergsteiger, will in die Alpen. Sie möchte ans Meer; Berge sind ihr verhaßt. »Deine Höhenangst ist doch wirklich übertrieben!« meint er. Seine Frau traut sich aber noch nicht einmal in den dritten Stock eines Gebäudes.

Wie funktioniert nun diese Strategie, die uns vor Begegnungen mit dem angstauslösenden Objekt bewahrt?

- *»Vorsicht! Bissiger Hund!« – dieses Schild ist ein Hinweis auf eine Gefahr.*
- *Der Autofahrer nähert sich einer Kreuzung. Ein Vorfahrtszeichen weist ihn auf eine gefährliche Situation hin. Er bremst.*
- *Das kleine Mädchen, das sich bereits einmal die Hände verbrannt hat, hört auf das Reizwort »heiß«: gebranntes Kind scheut das Feuer!*
- *Die 30jährige Erika M. mit der Höhenphobie will ihre Mutter im Krankenhaus besuchen. Sie erfährt vom Pförtner, daß das Krankenzimmer im achten Stock liegt. Sie kehrt wieder um.*

Mit einem angstauslösenden Objekt oder einer furchterregenden Situation sind oft bestimmte *Hinweisreize* verbunden. Wenn wir sie empfangen, können wir der Gefahr von vornherein entgehen. Für Frau M. ist die Auskunft »achter Stock« das Signal, das sie auf die Angstsituation »große Höhe« aufmerksam macht. Um der Angst zu entgehen, meidet sie diese Situation.

Vermeidungsverhalten engt ein

Angstbewältigung durch ständiges Vermeiden kann zur negativen Beeinflussung wichtiger Entscheidungen oder sogar zur Einengung wesentlicher Lebensbereiche des Menschen führen.

Werner F. ist ein anerkannter Bauingenieur. In den letzten drei Jahren hat er viermal ein aussichtsreiches Stellenangebot ausgeschlagen. Den wahren Grund kannten seine Arbeitgeber nicht: Großraumbüros mit ihren riesigen Glasscheiben lösen in ihm panische Angstgefühle aus. Am liebsten sitzt er in einem kleinen Zimmer mit einem winzigen, gardinenverhängten Fenster.

Frau M., die unter Höhenangst leidet, engt mit ihrem Vermeidungsverhalten einen nur relativ kleinen Bereich ihres Privatlebens ein. Der Bauingenieur aber, der sich aus Angst gezwungen fühlt, seinen Arbeitsplatz nach Umfang des Büroraumes und nach Größe der Fensterscheiben auszusuchen, ist durch seine irrationale Angst in seinen Lebensentscheidungen wesentlich eingeschränkt. Seine Vermeidungsstrategie bewahrt ihn zwar vor Angst. Sie beschneidet seine Möglichkeiten aber so gravierend, daß sie ihm kaum noch einen Bewegungsspielraum läßt.

Die meisten furchterweckenden Situationen meiden wir automatisch, ohne darüber nachzudenken. Da wir auf diese Weise aufkommende Angstgefühle erfolgreich mindern, wird das Vermeidungsverhalten eine fest eingeübte Gewohnheit. Denn sie prägt sich – nach dem Verstärkungsprinzip – unserem Verhaltensgedächtnis besonders stark ein. Wir werden unsere so »verstärkten« Reaktionsweisen immer häufiger wiederholen, denn wir werden sehr empfänglich für entsprechende Hinweisreize, die oft für andere Menschen entweder unverständlich sind oder erst gar nicht registriert werden.

Menschen, die mit vielen Ängsten zu kämpfen haben, sind für viele solcher Reizsignale sensibel. Diese Menschen wirken auf ihre Umwelt meistens zaghaft, unsicher, gehemmt und ausweichend, ohne daß ihre Mitmenschen die wahren Ursachen dieses eigenartigen Verhaltens kennen. Die Wurzel für eine übertriebene generelle Ängstlichkeit liegt oft schon in der Erziehung:

Ein verklemmtes Kind ist oft das Produkt falscher Erziehungsmethoden der Eltern. Der immer wieder erhobene Zeigefinger bewahrt zwar vor »unartigem« Verhalten, hemmt jedoch die freie Entwicklung und führt schließlich dazu, daß das Kind keine Initiative mehr entwickelt: Es hat Angst vor Strafe und vermeidet deshalb permanent neue Situationen.

Goethe hatte eine Höhenphobie

Die meisten Ängste, unter denen Menschen leiden, sind Erwartungsängste: Wir fürchten uns nicht *in* einer Situation, sondern wir fürchten uns eher *vor* einer Situation.

Die »gelernte« Angstreaktion kann aber nur dann wieder »gelöscht« werden, wenn wir die angstmachende Situation immer wieder aufsuchen, ohne daß der ursprünglich angstauslösende Reiz dabei auftritt. Dadurch bekommen wir die Möglichkeit, die betreffende Situation wieder neutral zu erleben.

Die meisten Menschen meiden jedoch Situationen, vor denen sie sich fürchten. Und damit beginnt der Teufelskreis: Wenn eine bestimmte Situation konsequent vermieden werden muß, dann ist der Betroffene gezwungen, sich allmählich vor immer mehr Dingen »zu drücken«. Denn ebenso wie die konditionierten Reize einer Generalisationstendenz unterliegen, dehnt sich auch unser Vermeidungsverhalten auf immer mehr Bereiche aus. Das kann so weit führen, daß ein Mensch seine vier Wände überhaupt nicht mehr verläßt, um allen Ängsten zu entgehen.

Vermeidungsverhalten ist also die denkbar schlechteste Strategie gegen Angst.

Vielen Situationen, vor denen wir uns fürchten, können wir aber gar nicht aus dem Wege gehen. Man kann sich bis zu einem gewissen Grad auch selbst helfen: Jeder von uns wendet – ohne sich dessen immer bewußt zu sein – bestimmte typische Alltagsstrategien an, mit deren Hilfe man Angst wirklich bewältigen kann. Die Brauchbarkeit dieser Alltagsstrategien ist von Lernpsychologie und Verhaltenstherapie experimentell erforscht worden. Darauf beruhen zum Teil auch die Trainingspläne dieses Buches.

Eine »harte« Methode der Angstüberwindung wandte Goethe bei sich selbst an: »Besonders aber ängstigte mich ein Schwindel, der mich jedes Mal befiel, wenn ich von einer Höhe hinunterblickte. ... Ich erstieg ganz allein den höchsten Gipfel des Münster-Turms und saß in dem sogenannten Hals, unter dem Knopf oder der Krone, wie man's nennt, wohl eine Viertelstunde lang, bis ich es wagte, wieder heraus in die freie Luft zu treten, wo man auf einer Platte, die kaum eine Elle ins Geviert haben wird, ohne sich sonderlich anhalten zu können, stehend das unendliche Land vor sich sieht, indessen die nächsten Umgebungen und Zieraten und die Kirche und alles, worauf und worüber man steht, verbergen. ... Dergleichen Angst und Qual wiederholte ich so oft, bis der Eindruck mir ganz gleichgültig ward.«

Angst mit Angst bekämpfen?

Goethe hatte eine Höhenphobie. Wie bekämpfte er sie? Relativ einfach: durch wiederholte Konfrontation mit der furchterwekkenden Situation. Er setzte sich systematisch seiner Höhenangst aus.

Der Psychologe spricht in diesem Fall vom sogenannten »*gegenphobischen Verhalten*« – bewußtes, forciertes Aufsuchen der angstauslösenden Situation wirkt der Angst entgegen.

Welche psychologischen Prinzipien stehen hinter dieser Strategie? Die gefürchtete Situation wird so oft aufgesucht, bis man sich an die Angstreize gewöhnt hat. Die anfänglich starke Angstreaktion wird nach dem Prinzip der *Adaptation* (siehe Seite 22) abgebaut: Jede emotionale Erregung erschöpft sich, wenn sie ihr Maximum erreicht und lange genug anhält, nach einer gewissen Zeit von selbst. Wir kennen solche Fälle:

Am Tage der Beerdigung sahen die Angehörigen eine ruhige, nahezu gleichgültig auftretende Witwe. Der plötzliche Tod ihres Mannes hatte sie furchtbar erschüttert. Tagelang hatte sie nur geweint und war völlig verstört. Jetzt, beim Begräbnis, war sie ruhig: sie konnte einfach nicht mehr, ihre emotionale Erregung hatte sich erschöpft.

Das Prinzip des gegenphobischen Verhaltens ist eine sehr harte und auch gefährliche Form der Angstbewältigung. Sie darf nur unter Anleitung eines Therapeuten durchgeführt werden. Aber ohnehin bringen nur wenige Menschen die Stärke auf, sich absichtlich einer Angstsituation auszusetzen, um so ihre Furcht zu mindern.

Tun sie es doch, dann besteht die Gefahr, daß sie zu früh abbrechen – also nicht den Höhepunkt der Erregung erleben und eine Zeitlang in diesem Zustand verharren, bis sich die Emotion völlig erschöpfen konnte. Auf diese Weise wird die Angst meistens noch schlimmer, da die Angstgefühle die alte Angst-Konditionierung auffrischen und damit die phobische Reaktion verstärken.

Die kleine Petra ist wasserscheu. Der Vater hat im Sommerurlaub am Strand ihre weinerliche Angst vor dem Meer satt. »Petra muß doch endlich einmal diese Angst verlieren!« sagt er zu seiner Frau und zerrt seine fünfjährige Tochter etwas unsanft hinaus in die Wellen.

Strenge oder übertriebene Härte bei der Erziehung eines Kindes anzuwenden, ist sinnlos und führt so gut wie nie zu der gewünschten Verhaltensweise. Erst recht verkehrt wäre es, ein Kind zu gegenphobischem Verhalten zu zwingen. Die unfreiwillige Begegnung mit der angstauslösenden Situation steigert die Angst des Kindes noch.

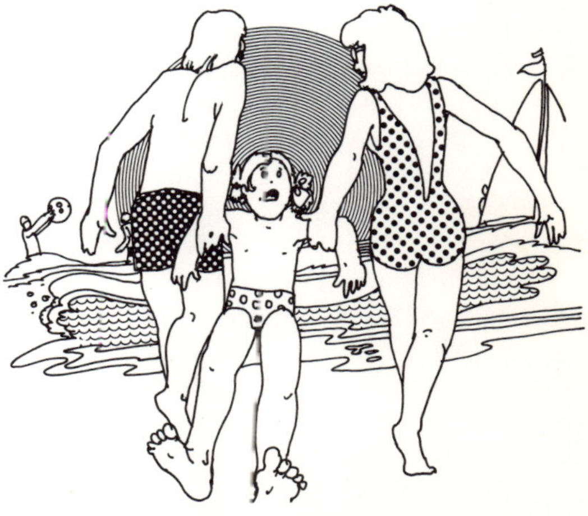

Haben Sie eine rege Phantasie? Denken Sie an etwas anderes!

Sie stehen vor einem schwierigen Examen. Sie lernen und lernen. Aber immer wieder läßt Ihre Konzentration nach. Sie müssen ständig an den Tag der Prüfung denken. Ihnen steht etwas Unangenehmes, vielleicht sogar etwas Gefährliches bevor: Sie haben eine Erwartungsangst.

Die meisten Menschen versuchen diese »antizipatorischen« Ängste, die sich auf in der Zukunft auftretende furchtauslösende Situationen beziehen, durch *wiederholtes Vorstellen* der jeweiligen Situation zu bewältigen. Sie spielen in ihrer Phantasie das Problem durch; sie durchwandern im Geist die angstauslösende Situation. Diese Alltagsstrategie führt oftmals tatsächlich zur Abschwächung oder Überwindung der Erwartungsangst. Voraussetzung ist, daß die Vorstellungsbilder lange genug gehalten werden.

Sie können das gleiche Prinzip auch bei anderen Emotionen anwenden: Wenn Sie sehr wütend sind, hilft es, wenn Sie darüber nachdenken, warum Sie sich so sehr ärgern! Sie werden feststellen, daß Sie nach einiger Zeit Ihren Zorn vergessen.

Allerdings können die durch die Vorstellungen und Gedanken ausgelösten Furcht- und Ärgerreaktionen das Erregungsniveau auch so stark erhöhen, daß die Erwartungsangst sogar noch verstärkt wird, ähnlich wie es bei falsch praktiziertem gegenphobischen Verhalten der Fall sein kann.

Wer allerdings seine Erwartungsangst durch wiederholtes Vorstellen der furchtauslösenden Situation nicht abschwächen kann, sollte lieber die Ablenkung suchen.

Denk mal an etwas anderes! – So ungefähr könnte man das Prinzip des »*Gedankenersatzes*« überschreiben.

Auch diese Alltagsstrategie hilft vielen Menschen, ihre Ängste zu bewältigen. Denn jeder von uns ist in der Lage, seine Vorstellungen und Gedanken bis zu einem gewissen Grad zu steuern. Unfruchtbare Grübeleien oder kreisende Zwangsgedanken können wir unterbrechen, können wir »wegschieben«. In der »Schatzkiste« unserer Ersatzvorstellungen liegen viele angenehme Gedanken, die uns Angst vergessen lassen können. Je stärker die positiven Gefühlsmomente dieser Vorstellungsinhalte sind, um so besser klappt dieses Prinzip.

Es gibt Menschen, die ständig ihre Körperfunktionen beobachten und sich permanent vor Krankheiten fürchten. Verhaltenstherapeuten trainieren mit diesen Patienten, so wenig wie möglich – und schließlich gar nicht mehr – über Krankheiten zu sprechen. Der Gedanke an Krankheit muß, sobald er auftaucht, sofort unterbrochen werden. So werden die Patienten darauf konditioniert, die negativen Gedanken auf ein selbstgegebenes Stichwort hin umgehend zu stoppen und durch angenehme Gedanken zu ersetzen.

Angst überwinden – durch Essen

Können Sie gleichzeitig lachen und wütend aussehen? Nein.

Reaktionsweisen, die gleichzeitig ausgelöst werden und miteinander unvereinbar sind, schwächen oder hemmen sich gegenseitig. Dabei setzt sich die »stärkere« Reaktion durch. Der Wissenschaftler spricht hier vom Prinzip der *»reziproken Hemmung«*.

Sympathicus und Parasympathicus können unsere Organfunktionen nicht gleichzeitig beeinflussen (siehe Kapitel 2). Erregung können wir mindern, indem wir bewußt Körperfunktionen in Gang setzen, die den beruhigend wirkenden parasympathischen Teil unseres autonomen Nervensystems aktivieren.

Wir essen zum Beispiel ein Stück Schokolade. Damit »erregen« wir den Parasympathicus, der selbst wiederum unser Verdauungssystem aktiviert. Da er nicht differenzieren kann, beeinflußt er gleichzeitig alle Körperfunktionen, auf die er einwirken kann. Er wirkt also dämpfend auf die Aktivitäten des Sympathicus: Unsere Angst wird gemindert.

Diese Alltagsstrategie wird zum Beispiel auch beim Flugängstlichen erfolgreich angewendet: Lächelnde hübsche Stewardessen servieren kleine Snacks und Getränke »zur Beruhigung«. Reaktionsweisen wie appetitvolles Essen und Angst sind miteinander nicht zu vereinen.

Die amerikanische Psychologin Mary Cover Jones wußte von dem etwas fragwürdigen Experiment Watsons mit dem kleinen Albert. Ihr Interesse galt der Frage, ob es eine Therapie-Methode gibt, mit deren Hilfe konditionierte Phobien auch wieder beseitigt werden können. Sie versuchte einen kleinen Jungen zu behandeln, der unter einer Kaninchen-Phobie litt. Dabei wandte sie als erste das Prinzip der »reziproken Hemmung« systematisch an:

Sie stellte fest: Je geringer die Entfernung zwischen dem Jungen und dem Kaninchen war, um so intensiver war auch seine Furchtreaktion. Folglich setzte sie das Kind in die eine, das Kaninchen in die andere, weit entfernte Ecke des Labors. In sicherer Entfernung nahm der Junge dann sogar ein Stück Schokolade an.

Schritt für Schritt führte sie ihn dann näher an das Tier heran. Jedesmal, wenn der Junge Angst verspürte, gab sie ihm wieder ein Stückchen Schokolade. Allmählich wurde der Kleine immer ruhiger und konnte es schließlich auch in der Nähe des Kaninchens aushalten. Am Ende der Behandlung fühlte er sich beim Anblick des Kaninchens sogar richtig wohl. Seine Phobie war beseitigt.

Dürfen Sie Ihre Ängste selbst behandeln?

Mit Angst – genauer: mit den sympathischen Begleitreaktionen der Angst – sind auch *Ruhe und Entspannung* oder *sexuelle Aktivität* unvereinbar. Sehr wirksam ist das Prinzip der *Ablenkung* bei Kindern, besonders wenn wir ihre Neugier wecken:

Ein kleines Kind soll einem ihm fremden Mann vorgestellt werden. Zunächst hat es Angst – es zögert. Plötzlich lenkt der Erwachsene die Aufmerksamkeit des Kindes auf seine glitzernde Armbanduhr. Aus Neugier wagt das Kind nun näherzukommen. Die Angstreaktion wird gehemmt.

Menschen, die uns beschützen, vertraute Personen, in deren Nähe wir uns sicher fühlen, können eine wesentliche Hilfe für die Bewältigung unserer Ängste sein.

Der ABC-Schütze, der das erste Mal eine Schule betritt, wird von seiner Mutter begleitet. Der Vater ergreift liebevoll die Hand seiner wasserscheuen kleinen Tochter und führt sie behutsam und langsam ins Wasser.

Auch die *Vorbildwirkung* eines Menschen, sein angstfreies Verhalten also, kann wirksam dazu beitragen, die Furcht eines anderen zu mindern. Aber vor allem das tröstende *»Ich bin ja bei dir«-Gefühl* führt zur Erleichterung. Beide Prinzipien werden – wissenschaftlich fundiert – in den Trainingsplänen gegen Kinderängste (siehe Seite 118) systematisch angewandt.

Allerdings muß die unterstützende Hilfe anderer Menschen allmählich wieder ausgeblendet werden. Sonst besteht die Gefahr, daß eine zu große Abhängigkeit von der behütenden Person aufkommt und ein ängstlicher Mensch zu unselbständig in seinem Verhalten wird.

Wir haben in diesem Kapitel eine Reihe von Strategien vorgestellt, die – intuitiv und ohne wissenschaftliche Fundierung – von den meisten Menschen zur Angstüberwindung im Alltag angewandt werden. Doch diese Alltagsstrategien sind in vielen Fällen nicht wirksam. Wenn wir unter schweren Angstzuständen oder irrationalen Ängsten leiden, sind wir meist ratlos. Die bewußte Anwendung dieser Alltagsstrategien kann sogar geradezu gefährlich sein, weil wir den Schweregrad unserer Angst in den meisten Fällen nicht richtig einschätzen können.

Verhaltenstherapeuten haben bei der Behandlung von Störungen, die mit Angstzuständen einhergehen, jedoch viele Erkenntnisse gewonnen, aus denen sich auch Strategien zur Selbstüberwindung von Ängsten ableiten lassen; sie können in nicht allzu komplizierten Fällen angewendet werden. Für solche »leichteren« Fälle haben wir in den folgenden Teilen des Buches Trainingsprogramme zusammengestellt.

Diese Trainingspläne können selbst angewendet werden, wenn die entsprechenden Ängste isoliert auftreten, wenn also die Anzahl der Objekte und Situationen, auf die Sie mit Angst reagieren, begrenzt ist. Die Programme sind so angelegt, daß Sie sich damit nicht schaden können. Wenn die Selbstbehandlung in dem einen oder anderen Falle nicht gelingt: *Suchen Sie einen Therapeuten auf!* Er kennt ein ganzes Arsenal von Behandlungsmethoden, die er je nach der individuellen Art Ihrer Ängste gezielt einsetzen kann.

In die Hand des Therapeuten gehören alle Fälle von Ängsten, bei denen Sie den angstauslösenden Reiz nicht genau definieren können; wenn also Angstzustände und Angstanfälle mit allen ihren physiologischen Begleiterscheinungen (wir haben sie in Kapitel 2 dargestellt) auch außerhalb einer konkreten phobischen Situation auftreten. Dazu gehören auch alle Ängste, die ausschließlich durch bestimmte Gedanken und Vorstellungen ausgelöst werden.

Bitte beantworten Sie die folgenden neun Fragen gewissenhaft und ehrlich:

1. *Sind Sie in den letzten sechs Monaten gründlich vom Arzt untersucht worden?*

2. *Sind Sie nach ärztlichem Urteil körperlich gesund?*

3. *Haben Ihre Ängste nach Auskunft des Arztes mit Sicherheit keine somatische (das heißt körperliche, organische oder physiologische) Ursache?*

4. *Fühlen Sie sich, von Ihren Ängsten abgesehen, im wesentlichen psychisch gesund?*

5. *Kommen Sie mit Ihrem Leben im großen und ganzen gut zurecht?*

6. *Können Sie bei den Ängsten, die Ihr Leben komplizieren, genau angeben, warum und wovor Sie Angst haben?*

7. *Sind Ihre Ängste von der Art, daß Sie mit Bestimmtheit sagen können: »Wenn ich diese Schwierigkeiten los wäre, dann könnte ich freier und glücklicher leben.«?*

8. *Haben Sie zur Zeit – aus aktuellem Anlaß (zum Beispiel Eheprobleme) – besondere private und persönliche Sorgen und Konflikte?*

9. *Stehen Sie zur Zeit unter besonderem Streß beruflicher oder privater Art (durch berufliche Überforderung, Arbeitsplatzwechsel, Hausbau)?*

- Prüfen Sie genau: Haben Sie *auch nur eine* der Fragen 1 bis 7 mit »*Nein*« beantwortet? Dann sollten Sie so bald wie möglich zum Arzt gehen. Bitten Sie um eine Überweisung zu einem Psycho- oder Verhaltenstherapeuten! Versuchen Sie keine Selbstbehandlung!
- Haben Sie die Frage 8 oder 9 (oder beide) mit »*Ja*« beantwortet, dann ist jetzt nicht die richtige Zeit, mit einem der Trainingspläne dieses Buches gegen Ihre Ängste vorzugehen. Legen Sie sich diese Fragen in einigen Wochen wieder vor, und prüfen Sie sich erneut! Nur das erste Trainingsprogramm – die Entspannungsübungen (Seite 86) – werden Ihnen einstweilen nützen können.
- Haben Sie *alle* Fragen von 1 bis 7 mit »*Ja*« und die Fragen 8 und 9 mit »*Nein*« beantwortet? Dann bestehen keine Bedenken dagegen, daß Sie versuchen, mit den Trainingsplänen dieses Buches Ihre Ängste zu überwinden. Bearbeiten Sie zunächst die Tests auf den nächsten Seiten!

Test 1

Testen Sie Ihre Angstbereitschaft

Sind Sie emotional stabil oder labil?

Sie wissen aus Kapitel 6, daß der *labile* Typ generell dazu neigt, übermäßig ängstlich zu reagieren. Wenn es sich um Real-Angst handelt – also um Angst vor wirklich gefährlichen Objekten oder Situationen –, dann ist seine Erregung so stark, daß er nicht mehr in der Lage ist, sinnvoll zu handeln. Bei Dingen und Situationen, die zu den allen Menschen angeborenen, »natürlichen« Angstreizen gehören, ist seine Angstreaktion unangemessen hoch, so daß sie oft lächerlich wirkt – oder allgemein zaghaft und unsicher macht. Wenn es sich um konditionierte Angstreaktionen handelt, dann sind es beim labilen Typ mitunter schon »ausgewachsene« Phobien.

Und der extrem *stabile* Typ, der emotional nur schwer erregbar ist? Angeborene Angstreize schrecken ihn nicht. Phobien kennt er nicht. Aber auch seine Reaktionen sind nicht »ideal« – wenn es sich um Objekte und Situationen handelt, die eine reale Bedrohung darstellen. Er hat dann zu »kaltes Blut«, läßt sich durch nichts aus der Ruhe bringen – und den Augenblick der Gefahr verschläft er: der ideale Kandidat für den Heldentod (siehe Seite 11).

Sind Sie introvertiert oder extravertiert?

Diese Persönlichkeitsdimension gibt nicht den Ausschlag darüber, wie heftig unsere Angstreaktionen sind. Sie entscheidet im wesentlichen, wie leicht ein Mensch konditionierbar ist. Der Introvertierte entwickelt leichter konditionierte Angstreaktionen als der Extravertierte – sofern die in der Konditionierungssituation hervorgerufene natürliche Angstreaktion nur stark genug war.

Deshalb ist der labile *Introvertierte* besonders empfänglich für die Ausbildung von irrationalen Ängsten und Phobien. Der stabile Introvertierte ist zwar auch konditionierbar, jedoch wird er nur selten in so starke Angsterregung geraten, daß es für eine Konditionierung ausreicht.

Der *Extravertierte* wird, wenn er sehr labil ist, bei bedrohlichen oder angeborenen Gefahrenreizen zwar extreme Angst empfinden und auch nicht generell als mutig zu bezeichnen sein. Da er aber nur schwer konditionierbar ist, kommt es kaum zu Phobien, also unerklärlichen Ängsten vor objektiv ungefährlichen Dingen und Situationen. Ist er stabil, dann kann ihn nichts erschüttern. Aber sein Risiko liegt vielleicht gerade darin, daß er vor gar nichts Angst hat – auch nicht vor Strafe. An der Ausbildung eines Gewissens und der Einhaltung von gesellschaftlichen Normen hapert es. Er kennt kein Schuldgefühl und geht notfalls »über Leichen«.

Testanleitung

Psychologen haben Tests entwickelt, die die beiden Persönlichkeitsdimensionen »stabil-labil« und »extravertiert-introvertiert« relativ zuverlässig ermitteln können. Auf den folgenden Seiten haben wir einen solchen Test für Sie zusammengestellt, der im wesentlichen auf Eysenck zurückgeht. Maßstab sind eine Reihe von Einstellungen und gewohnheitsmäßigen Verhaltensweisen, die auf die jeweiligen Charaktereigenschaften hinweisen. Sie werden in einem Fragebogen erfaßt.

Wie gehen Sie bei diesem Test vor? Sie entscheiden bei jeder der folgenden 70 Aussagen ganz spontan und ohne zu lange nachzudenken, ob Sie sich mit ihr identifizieren können. Trifft eine Aussage für Sie zu, dann machen Sie ein Kreuz in das Kästchen in der Spalte »stimmt«. Wenn nicht, kreuzen Sie »stimmt nicht« an.

Die Zuverlässigkeit des Tests hängt davon ab, wie ehrlich Sie sich selbst gegenüber sind. Versuchen Sie also immer, sich wirklich genau für die Antwort zu entscheiden, die Ihrem eigenen Temperament am ehesten entspricht. Und lassen Sie bitte keine Aussage aus.

Die Auswertung für den Test finden Sie auf Seite 62. Aber sehen Sie bitte nicht vorher dort nach!

Angstbereitschaft

	stimmt	stimmt nicht
1 Wenn andere an meiner Arbeit etwas aussetzen, bin ich schnell gekränkt.	c	a
2 Wenn ich mich im Beisein anderer Leute irgendwie falsch verhalten habe, kann mich das noch tagelang beschäftigen.	c	a
3 Es macht mir Spaß, etwas zu unternehmen, bei dem ich schnell handeln muß.	e	b
4 Wenn ich mich nicht ganz wohl fühle, bin ich gelegentlich schlecht gelaunt.	d	f
5 Es kommt eigentlich selten vor, daß ich mich niedergeschlagen oder unglücklich fühle.	a	c
6 Ich arbeite nicht gern für mich allein.	e	b
7 Ich bekomme leicht Herzklopfen oder Herzjagen.	c	a
8 Wenn ich allein einen Raum betreten muß, in dem andere Leute zusammensitzen und sich unterhalten, fühle ich mich unbehaglich.	c	a
9 Ich folge oft meinen spontanen Einfällen.	e	b

Angstbereitschaft

	Aussage	stimmt	stimmt nicht
10	Ich bin sehr schlagfertig und habe eigentlich immer eine passende Antwort parat.	e	b
11	Ich lasse mich nicht schnell aus der Ruhe bringen; ich bin meistens gelassen und nicht so leicht aufzuregen.	a	c
12	Es kommt fast nie vor, daß ich Dinge, die ich heute tun müßte, auf morgen verschiebe.	f	d
13	Meine Stimmung wechselt häufig – ob mit oder ohne Grund.	c	a
14	Ich gehe gern aus.	e	b
15	Im allgemeinen nehme ich das Leben leicht; es macht mir nicht viel aus, wenn nicht alles in seiner gewohnten Ordnung ist.	e	b
16	Ich gehöre zu den Menschen, die nur selten Kopfschmerzen bekommen.	a	c
17	Ich fühle mich oft ruhelos und weiß doch nicht so recht, was ich eigentlich will.	c	a
18	Ich kann meine Gefühle nur schwer äußern; ich gehe nur bei sehr guten Freunden aus mir heraus.	e	b

	Aussage	stimmt	stimmt nicht
19	Wenn ich ohne zu zahlen mit der Straßenbahn fahren könnte und sicher wäre, nicht kontrolliert zu werden, würde ich es wahrscheinlich tun.	d	f
20	Mich überkommen oft Minderwertigkeitsgefühle.	c	a
21	Die schwersten Kämpfe habe ich meist mit mir selbst auszustehen.	c	a
22	Ich glaube, meine Freunde halten mich für sehr lebhaft.	e	b
23	Ich schreie zurück, wenn man mich anschreit.	e	b
24	Die Menschen in meinem Bekanntenkreis sind im allgemeinen ängstlicher als ich.	a	c

Angstbereitschaft

	stimmt	stimmt nicht
25 Ich habe manchmal Gedanken und Vorstellungen, die ich niemandem erzählen würde, weil sie mir peinlich sind.	d	f
26 Manchmal schäume ich vor Energie geradezu über; dann wieder bin ich richtig träge und langsam.	c	a
27 Ich spiele anderen Leuten gern einmal einen Streich.	e	b
28 Ich brauche oft verständnisvolle Freunde, damit ich wieder munter und unternehmungslustig bin.	c	a
29 Ich kann von mir behaupten, daß ich mich meistens glücklich und zufrieden fühle.	a	c
30 Es fällt mir schwer, auf einer lebhaften Gesellschaft so richtig aus mir herauszugehen.	b	e
31 Ich mache mir oft Sorgen über Schwierigkeiten und Probleme, vor denen ich plötzlich stehen könnte.	c	a
32 Mitunter lache ich ganz gern über einen unanständigen Witz.	d	f
33 Im allgemeinen lese ich lieber oder sehe fern, als daß ich mich mit anderen Menschen treffe.	b	e
34 Ich mache mir oft Gedanken um meine Gesundheit.	c	a
35 Ich bin manchmal so nervös, daß mir bestimmte Geräusche wie ein aufheulender Motor oder ferner Baustellenlärm geradezu unerträglich sind.	c	a
36 Ich bin ziemlich lebhaft.	e	b
37 Ich rede manchmal über Sachen, von denen ich eigentlich nichts verstehe.	d	f
38 Wenn ich anderen gegenüber so getan habe, als sei mir etwas näher gegangen, als es tatsächlich der Fall war, habe ich hinterher ziemliche Schuldgefühle.	c	a
39 Manchmal bin ich richtig verärgert.	d	f

Angstbereitschaft

		stimmt	stimmt nicht
40	Ich glaube, ich bin empfindlicher und innerlich mehr angespannt als andere Leute.	c	a
41	Ich habe oft das Gefühl, Fremde würden mich kritisch betrachten.	c	a
42	Ich gehe gern unter Leute.	e	b
43	Als Kind war ich oft verzweifelt über meine Eltern, wenn sie von mir Gehorsam verlangten.	c	a
44	Auf Partys halte ich mich meistens im Hintergrund.	b	e
45	Ich sage meist gleich das erste, was mir in den Kopf kommt.	e	b
46	Mich überfallen oft Schuldgefühle.	c	a
47	Auch in Gesellschaft anderer Menschen überfällt mich oft ein Gefühl, im Grunde einsam und nicht ganz vollwertig zu sein.	c	a
48	Ich glaube, ich nehme die meisten Dinge schwerer als andere.	c	a
49	Ich breche nie ein Versprechen, auch wenn es mir schwer fällt, zu tun, was ich versprochen habe.	f	d

50	Ich habe eigentlich immer Lust, etwas Aufregendes zu erleben.	e	b
51	Was mir so durch den Kopf geht, kann ich eigentlich immer schnell in Worten ausdrücken.	e	b
52	Wenn ich eine Arbeit zu erledigen habe, verbrauche ich allein schon durch meine Verkrampftheit mehr Kraft als andere Menschen.	c	a
53	Ich klatsche mitunter gern über andere.	d	f
54	Ich grüble oft über Dinge nach, die ich eigentlich nicht hätte tun oder sagen sollen.	c	a
55	Es gelingt mir leicht, eine langweilige Party in Schwung zu bringen.	e	b

Angstbereitschaft

Nr.	Aussage	stimmt	stimmt nicht
56	Manchmal zweifle ich daran, ob meine Gesprächspartner wirklich an dem interessiert sind, was ich zu sagen habe.	c	a
57	Wenn ich rede oder handle, dann denke ich zwischendurch nie lange nach.	e	b
58	Ich mache mir oft Sorgen um irgendwelche Dinge.	c	a
59	Wenn ich nicht jeden Tag mit guten Freunden zusammen sein könnte, wäre ich sehr unglücklich.	e	b
60	Es liegt mir nicht, Witze zu erzählen oder mit anderen zusammen Unfug zu treiben.	b	e
61	Bei wichtigen Arbeiten fällt es mir nicht leicht, den Anfang zu finden.	c	a
62	Ich fühle mich manchmal einfach elend, ohne einen wirklichen Grund zu haben.	c	a
63	Ich fühle mich erst dann richtig wohl, wenn um mich herum immer »etwas los« ist.	e	b
64	Ich habe oft das Gefühl, als wäre die Umwelt um mich herum nicht ganz wirklich.	c	a
65	Wenn ich eine wichtige Arbeit abgeschlossen habe, bin ich oft unzufrieden und glaube, ich hätte es eigentlich besser machen können.	c	a
66	Als Kind habe ich immer ohne Widerspruch getan, was man mir gesagt hat.	f	d
67	Wenn ich mit anderen zusammen bin, halte ich mich meistens zurück.	b	e
68	Meine Gefühle sind ziemlich leicht verletzbar.	c	a
69	Ich glaube, ich bin im allgemeinen ein recht vergnügter und unbekümmerter Mensch.	e	b
70	Ich verliere mich oft in Grübeleien.	c	a

Test 1

Testauswertung

Testkontrolle:

Zählen Sie zunächst aus, wie oft Sie den Buchstaben *f* angekreuzt haben. Für jedes f gibt es einen Punkt. Tragen Sie hier ein:

Ihr Kontrollwert **f** = ☐ Punkte

Haben Sie *fünf Punkte oder mehr?* Dann ist nicht gesichert, ob Ihr Test verwertbar ist. Sie haben die Tendenz, Dinge zu beschönigen und sich selbst so darzustellen, wie Sie von anderen gern gesehen werden möchten. Oder Sie waren nicht selbstkritisch genug. Ihr f-Punktwert stellt auch die Ergebnisse der anderen Tests in diesem Buch in Frage. Bevor Sie also Ihren Test weiter auswerten, gehen Sie zur Sicherheit noch einmal alle Testaufgaben durch, die Sie bereits bearbeitet haben. Seien Sie diesmal ganz ehrlich gegen sich selbst – niemand muß ja Ihre Antworten erfahren!

Stabilität/Labilität

Zählen Sie aus, wie oft Sie den Buchstaben *c* angekreuzt haben. Für jedes c gibt es einen Punkt. (Die Zahl der angekreuzten c und der angekreuzten a muß 35 ergeben.)

Ihr Labilitätswert **c** = ☐ Punkte

Kreuzen Sie nun in der Tabelle auf dieser Seite an, zu welcher Punktklasse Sie gehören. Sie können dann ablesen, wie emotional stabil oder labil Sie sind und wieviel Prozent der Bevölkerung jeweils den gleichen Labilitätswert haben wie Sie.

Extraversion/Introversion

Zählen Sie nun, wie oft Sie den Buchstaben *b* angekreuzt haben. Jedes b zählt einen Punkt. (Die Zahl der angekreuzten b und der angekreuzten e muß 25 ergeben.)

Ihr Introversionswert **b** = ☐ Punkte

Punktklassen:	Ihre Klasse:	Bewertung:	Personen in Ihrer Punktklasse:
24 bis 35 Punkte	○	sehr labil	2,3 %
19 bis 23 Punkte	○	labil	13,6 %
13 bis 18 Punkte	○	eher labil als stabil	34,1 %
8 bis 12 Punkte	○	eher stabil als labil	34,1 %
2 bis 7 Punkte	○	stabil	13,6 %
0 bis 1 Punkt	○	sehr stabil	2,3 %

Interpretation

Kreuzen Sie nun in der Tabelle auf dieser Seite an, zu welcher Punktklasse Sie zählen. In der Spalte »Bewertung« können Sie dann sehen, ob Sie zu den introvertierten oder zu den extravertierten Menschen gehören.

Labilitätswert 13 Punkte oder mehr – Introversionswert 11 Punkte oder mehr:

Sie haben im allgemeinen eine überdurchschnittliche Angstbereitschaft. Dazu kommt eine leichtere Konditionierbarkeit als beim Extravertierten. Sind Ihre Werte bei beiden Tests recht hoch, dann könnten Sie zur Bildung von Phobien neigen. Erlernen Sie die Entspannungstechnik im *1. Trainingsprogramm* (Seite 86), und lesen Sie im *3. Trainingsplan* (Seite 96), wie Sie der Entwicklung einer Phobie nach starken Angsterlebnissen vorbeugen können. *Test 2* (Seite 64) sagt Ihnen, welche körperlichen Reaktionen Ihre wichtigsten Angst-Indikatoren sind. Durch *Test 3* (Seite 70) erfahren Sie, welche Angstreize für Sie besonders kritisch sind und zum Auslöser von Phobien werden können.

Labilitätswert 13 Punkte oder mehr – Introversionswert 10 Punkte oder weniger:

Sie lassen sich durch Angstreize leichter als die meisten Mitmenschen aus dem Gleichgewicht bringen. Ihre Erregung ist dann oft so hoch, daß Sie nicht mehr optimal reagieren können. Die Wahrscheinlichkeit, daß Sie eine echte Phobie entwickeln, ist bei Ihnen allerdings gering. Erlernen Sie im *1. Trainingsprogramm* (Seite 86) das Entspannungstraining, dann werden Sie vielen Angstsituationen gelassener entgegentreten können.

Labilitätswert 12 Punkte oder weniger:

Machen Sie bitte auch die weiteren Tests in diesem Buch. Sie helfen Ihnen, Ihre möglichen »schwachen« Stellen kennenzulernen.

Punktklassen:	Ihre Klasse:	Bewertung:	Personen in Ihrer Punktklasse:
22 bis 25 Punkte	○	sehr introvertiert	2,3 %
16 bis 21 Punkte	○	introvertiert	13,6 %
11 bis 15 Punkte	○	eher introvertiert als extravertiert	34,1 %
6 bis 10 Punkte	○	eher extravertiert als introvertiert	34,1 %
1 bis 5 Punkte	○	extravertiert	13,6 %
0 Punkte	○	sehr extravertiert	2,3 %

Test 2

Testanleitung

Sind Sie vegetativ labil?

Wenn wir emotional erregt sind – besonders wenn wir Angst haben – treten vielfältige körperliche Begleiterscheinungen auf. Sie werden vom vegetativen Nervensystem in Gang gesetzt (mehr darüber in Kapitel 1 und 2). Welche körperlichen Reaktionen das sind, ist bei jedem Menschen wieder anders: Viele haben ihr ganz bestimmtes, für sie typisches »autonomes Reaktionsstereotyp« (siehe Seite 20).

Unterschiedlich ist aber auch die Leichtigkeit, mit der das vegetative Nervensystem bei Erregung anspricht und die verschiedenen Organsysteme »auf Touren« bringt. Reagiert es schon bei geringen Anlässen schnell und heftig, spricht man von »vegetativer Labilität«. Das kann sich in den verschiedensten körperlichen Beschwerden ausdrücken.

Test 2 hilft Ihnen, den Grad Ihrer vegetativen Labilität zu ermitteln. Gleichzeitig können Sie feststellen, welcher von den vier Hauptgruppen des »autonomen Reaktionsstereotyps« Sie angehören. Wenn Sie das wissen, dann können Sie auch leichter Ihre persönliche »aversive Reaktion« ermitteln – die körperliche Reaktion also, die sich bei Ihnen schon bei dem leisesten Anflug von Angst einstellt. Dieses wichtige Alarmsignal müssen Sie genau kennen, wenn Sie einige der Trainingsprogramme gegen Angst anwenden wollen.

Test 2 wird genauso bearbeitet wie Test 1. Bei jeder der folgenden Aussagen entscheiden Sie, ob sie für Sie zutrifft oder nicht. Entsprechend machen Sie ein Kreuz in der Spalte »stimmt« oder »stimmt nicht«.

Bitte lassen Sie keine Aufgabe aus, auch wenn Ihnen die eine oder andere Frage peinlich oder unangenehm sein sollte. Es braucht ja niemand Ihr Testergebnis zu erfahren. Lassen Sie sich auch nicht dadurch verwirren, daß manche Aufgaben ähnlich klingen oder zweimal vorkommen. Das muß so sein, weil Ihre Antworten unter verschiedenen Gesichtspunkten ausgewertet werden.

	stimmt	stimmt nicht
1 Ich habe manchmal Hitzewallungen und Blutandrang zum Kopf.	e	a
2 Ich werde leicht rot oder blass.	p	j
3 In aufregenden Situationen bleibt mir leicht die Luft weg, so daß ich erst wieder ganz tief Atem holen muß.	d	c
4 Ich habe einen empfindlichen Magen; das äußert sich meist in Magendrücken, Völlegefühl oder Magenschmerzen.	i	f

Sind Sie vegetativ labil?

Nr.	Aussage	stimmt	stimmt nicht
5	Ich bin manchmal besonders licht- und geräuschempfindlich, so daß mir helles Licht, krasse Farben oder bestimmte Geräusche geradezu körperlich weh tun.	x	t
6	Manchmal verspüre ich deutlich ein Pochen und Pulsieren in den Adern.	d	c
7	Manchmal habe ich geradezu einen Schüttelfrost: Hitzewallungen und Kälteschauer wechseln sich bei mir ab.	i	f
8	Mein Körper reagiert deutlich auf Witterungsumschlag oder Klimawechsel.	x	u
9	Manchmal werde ich kurzatmig, auch wenn ich keine schwere Arbeit getan habe.	d	c
10	Bei Schreck oder Aufregung fange ich leicht an zu zittern, oder die Knie werden mir weich.	o	k
11	Manchmal beginnt mein Herz zu jagen oder zu stolpern und unregelmäßig zu schlagen.	d	b
12	Ich kann das Essen meist gut vertragen.	g	i
13	In bestimmten Situationen kann es vorkommen, daß ich etwas zu stottern beginne.	p	j
14	Manchmal habe ich ein Pochen oder ein deutliches Pulsieren in den Adern.	e	a
15	Mein Körper braucht eigentlich mehr als acht Stunden Schlaf, um sich wirklich zu erholen.	x	t
16	Manchmal habe ich Stiche in der Brust oder Halsschmerzen, ohne erkältet zu sein.	d	b
17	Gelegentlich spüre ich mein Herz bis zum Hals herauf schlagen.	n	m
18	Ich habe nur selten Schmerzen.	g	i

Sind Sie vegetativ labil?

	stimmt	stimmt nicht
19 Manchmal habe ich das Gefühl, nicht genügend Luft zu bekommen, oder ein Gefühl erstickender Enge in der Brust.	e	b
20 Ich bin häufig abgespannt, matt und erschöpft.	z	q
21 Ich bemerke häufig ein Kribbeln und Prickeln oder auch Taubheit und »Einschlafen« in Händen, Armen und Beinen.	e	a
22 Vor bestimmten Ereignissen reagiere ich mit Lampenfieber oder körperlicher Unruhe.	p	k
23 Ich leide häufig unter Übelkeit oder Erbrechen.	i	g
24 Ich habe häufig Kopfschmerzen.	e	b
25 Ich bin ziemlich schmerzempfindlich.	w	v
26 Ich stelle öfter fest, daß es um meine Augen herum, im Gesicht, in der Kopf- oder Schultergegend unwillkürlich zuckt.	d	b
27 In aufregenden oder angstvollen Situationen pflegt sich bei mir Stuhldrang oder Harndrang einzustellen.	n	m
28 Ich glaube, ich werde schneller müde als die meisten Menschen, die ich kenne.	y	s
29 Ich leide oft unter Kopfschmerzen.	o	k

Sind Sie vegetativ labil?

Nr.	Aussage	stimmt	stimmt nicht
30	Gelegentlich spüre ich mein Herz bis zum Hals herauf schlagen.	d	b
31	Ich habe häufig Appetitmangel.	o	k
32	Wenn ich mich aus liegender Stellung plötzlich aufrichte, wird mir leicht schwindlig und schwarz vor den Augen.	e	b
33	Ich habe häufig Stuhlverstopfung.	i	g
34	Ich habe manchmal das Gefühl, einen Kloß im Halse zu haben.	e	b
35	Ich stelle fest, daß meine Hände und Füße öfter ruhelos sind.	o	k
36	Ich habe nur selten Schmerzen.	a	e
37	Ich bin morgens nach dem Aufwachen meist noch eine Weile müde und wie zerschlagen.	y	r
38	Ich habe oftmals Aufstoßen oder Sodbrennen.	h	g
39	Ich habe manchmal Schüttelfrost: Hitzewallungen und Kälteschauer wechseln sich bei mir ab.	d	c
40	Ich zucke leicht zusammen, wenn ich ganz unvermutet von jemandem angesprochen werde oder wenn sich plötzlich etwas schnell bewegt.	o	l

Test 2

Testauswertung

Sind Sie vegetativ labil?

Zählen Sie bitte für jeden der Buchstaben *a* bis *z* getrennt aus, wie oft Sie ihn angekreuzt haben. Schreiben Sie diese Zahlen in der nebenstehenden Auswertungstabelle jeweils in das Kästchen, das hinter dem betreffenden Buchstaben steht.

Die eingetragenen Zahlen multiplizieren Sie nun mit den dahinter stehenden Zahlen, Zeile für Zeile. Das Ergebnis tragen Sie immer in das hinterste Kästchen ein. Ein Beispiel: Haben Sie zum Beispiel den Buchstaben *i* fünfmal angekreuzt, sieht Ihre Rechnung so aus:

i [5] × **6** = [30]

Bei den Buchstaben *a, f, j* und *q* ergibt das Produkt natürlich in jedem Falle 0; deshalb haben wir die Nullen schon eingetragen.

Ihren Punktwert in den vier Labilitätsgruppen – »Herz und Kreislauf«, »Magen und Darm«, »Allgemeine Erregbarkeit« und »Schwäche und Mattigkeit« – ermitteln Sie jetzt so: Zählen Sie die Produkte jeweils gesondert für die Buchstaben *a* bis *e, f* bis *i, j* bis *p* und *q* bis *z* zusammen. Die Summe tragen Sie in die Kästchen hinter »Gesamtwert« ein.

Den Gesamtpunktwert Ihrer vegetativen Labilität berechnen Sie, indem Sie die vier Gruppen-Punktwerte addieren:

Gesamtwert Herz-Kreislauf:	
+ Gesamtwert Magen-Darm:	
+ Gesamtwert Allgem. Erregbarkeit:	
+ Gesamtwert Schwäche u. Mattigk.:	
= Gesamtwert Vegetative Labilität:	

In der Tabelle auf Seite 69 kreuzen Sie nun an, zu welcher Punktklasse Sie in den einzelnen Gruppen und im Gesamtwert für vegetative Labilität gehören. Sie können dann ablesen, wie stark vegetativ stabil oder labil Sie sind und wieviel Prozent der Bevölkerung gleiche Werte erreichen wie Sie.

Gruppe	Buchstabe	Anzahl	Faktor	Produkt
Herz und Kreislauf	**a**		× **0** =	0
	b		× **1** =	
	c		× **2** =	
	d		× **3** =	
	e		× **4** =	
			Gesamtwert	
Magen und Darm	**f**		× **0** =	0
	g		× **1** =	
	h		× **5** =	
	i		× **6** =	
			Gesamtwert	
Allgemeine Erregbarkeit	**j**		× **0** =	0
	k		× **1** =	
	l		× **2** =	
	m		× **3** =	
	n		× **4** =	
	o		× **6** =	
	p		× **7** =	
			Gesamtwert	
Schwäche und Mattigkeit	**q**		× **0** =	0
	r		× **1** =	
	s		× **2** =	
	t		× **3** =	
	u		× **4** =	
	v		× **5** =	
	w		× **6** =	
	x		× **7** =	
	y		× **9** =	
	z		× **10** =	
			Gesamtwert	

Interpretation

Herz-Kreislauf 30 Punkte oder mehr:

Bei Angst und in anderen erregenden Situationen reagieren Sie mit Herz-, Kreislauf- oder Atembeschwerden. Herzstolpern, Schwindelgefühl, Blutdruckschwankungen, Schweißausbrüche oder das Gefühl, »keine Luft« zu bekommen, sind typisch für Sie.

Magen-Darm 14 Punkte oder mehr:

Sie reagieren bei Angst u. a. mit Übelkeit, Magendrücken oder -schmerzen, Verstopfung oder Durchfall.

Allgemeine Erregbarkeit 33 Punkte:

Ihre körperlichen Angstsymptome sind verschiedene Unruhe-Zustände wie Zittern, Erröten und Erblassen, Zusammenfahren, Stottern oder starke »Nervosität«.

Schwäche und Mattigkeit 38 Punkte:

Erregung und Angst drücken sich bei Ihnen meist als allgemeine Erschöpfung, Schlafbedürfnis, unterschiedliche Schmerzen oder besondere Empfindlichkeit aus.

Wenn Sie in einer dieser Gruppen zwei Punktklassen höher liegen als in den übrigen:

Dies ist ein deutlicher Hinweis auf Ihr persönliches »autonomes Reaktionsstereotyp«. Ihre »aversive Reaktion« liegt wahrscheinlich in diesem Bereich, und hier liegen auch am ehesten Gefahren für eine »Somatisierung«, also für die Entwicklung organischer Störungen (siehe Seite 21).

Wenn Sie in einer oder mehr Gruppen über dem Durchschnitt liegen:

Erlernen Sie die Entspannungstechnik (Seite 86). Das wird Ihre Labilität vermindern.

Wenn Sie in einer oder mehr Gruppen – oder im Gesamtwert Vegetative Labilität – in der Punktklasse »sehr hoch« liegen:

Sie sollten sich von Ihrem Arzt untersuchen lassen, bevor Sie eines der Trainingsprogramme in diesem Buch anwenden.

Punktklassen						
Herz-Kreislauf	Magen-Darm	Allgemeine Erregbarkeit	Schwäche-Mattigkeit	Gesamtwert Vegetative Labilität	Bewertung	Personen in Ihrer Punktklasse
Punkte 49 bis 56 ○	Punkte 34 bis 41 ○	Punkte ▭	Punkte ▭	Punkte 167 bis 211 ○	sehr hoch	2,3 %
40 bis 48 ○	24 bis 33 ○	47 bis 59 ○	49 bis 55 ○	141 bis 166 ○	hoch	13,6 %
30 bis 39 ○	14 bis 23 ○	33 bis 46 ○	38 bis 48 ○	114 bis 140 ○	eher hoch als niedrig	34,1 %
21 bis 29 ○	5 bis 13 ○	20 bis 32 ○	28 bis 37 ○	88 bis 113 ○	eher niedrig als hoch	34,1 %
16 bis 20 ○	▭	13 bis 19 ○	18 bis 27 ○	61 bis 87 ○	niedrig	13,6 %
▭	▭	▭	▭	52 bis 60 ○	sehr niedrig	2,3 %

Test 3

Testanleitung

Wovor haben Sie am meisten Angst?

Sie wissen aus Kapitel 5 (Seite 36/37), daß bestimmte Reize, von denen objektiv keine übermäßige Bedrohung ausgeht, zu Angstauslösern werden können – vorausgesetzt, es liegt eine besondere »Sensibilisierung« für sie vor.

Wenn Sie feststellen wollen, für welche Kategorie von Objekten oder Situationen Sie am stärksten »sensibel« sind, dann machen Sie Test 3. Er gibt Ihnen Auskunft darüber, welche Angstreize Ihnen »gefährlich« werden können, wenn Sie sie in einer traumatischen Situation erleben. Sie können dann gezielter nach dem 3. Trainingsprogramm (Seite 96) vorgehen und der Entwicklung einer Phobie vorbeugen.

Wir haben in diesem Test eine Reihe von angstauslösenden Reizen zusammengestellt, die bei den meisten Menschen Angst oder zumindest ein mehr oder weniger deutliches unangenehmes Gefühl hervorrufen können. In jeder der 60 Aufgaben des Tests sind immer drei Angstreize einander gegenübergestellt. Lesen Sie Nummer für Nummer durch, und entscheiden Sie jedesmal, welcher der drei Reize Ihnen am meisten Angst macht.

Die Entscheidung ist nicht immer ganz leicht, da es sich um völlig verschiedene Dinge handeln kann. Wenn Ihnen die Beantwortung schwer fällt, lassen Sie bitte die betreffende Aufgabe nicht aus, sondern stellen Sie sich die Reize sehr intensiv vor. Bestimmt können Sie dann doch entscheiden, welcher der drei Angstreize bei Ihnen am ehesten ein unangenehmes Gefühl erwecken würde.

Ich habe eher Angst (da)vor ...

1

☐ **a** Leichen
☐ **c** in einem engen Raum eingeschlossen zu sein
☐ **e** mich einer Operation unterziehen zu müssen

2

☐ **d** Naturkatastrophen
☐ **a** Ratten oder Mäusen
☐ **b** Prüfungssituationen

3

☐ **c** dem Alleinsein
☐ **e** offenen Wunden
☐ **b** schriftlichen Prüfungen

4

☐ **d** in eine Schlägerei verwickelt zu werden
☐ **e** geisteskrank zu werden
☐ **b** im Leben zu versagen

Wovor haben Sie am meisten Angst?

Ich habe eher Angst (da)vor ...

5

☐ **a** Feuersbrünsten
☐ **d** bei einer Schlägerei zuzuschauen
☐ **b** mich von vertrauter Umgebung trennen zu müssen

6

☐ **c** im Flugzeug zu fliegen
☐ **d** großen Menschenmassen
☐ **e** Herzstolpern

7

☐ **b** dumm auszusehen
☐ **d** in Wut zu geraten
☐ **a** harmlosen Spinnen

8

☐ **e** bei einem chirurgischen Eingriff zuzusehen
☐ **a** Blitzen
☐ **c** Dunkelheit

9

☐ **b** Autoritätspersonen
☐ **a** toten Tieren
☐ **c** fremder Umgebung

10

☐ **e** menschlichem Blut
☐ **a** Schußwaffen
☐ **d** plötzlichen Geräuschen

11

☐ **a** fliegenden Insekten
☐ **d** Unwetter
☐ **e** eine Injektion zu bekommen

12

☐ **a** harmlosen Schlangen
☐ **b** brutal aussehenden Menschen
☐ **d** wenn eine Person eine andere einschüchtert

13

☐ **b** kranken Menschen
☐ **e** mich übergeben zu müssen
☐ **c** Donner

14

☐ **c** einen Raum zu betreten, in dem bereits andere Menschen sitzen
☐ **a** krabbelnden Insekten
☐ **d** brutal aussehenden Menschen

15

☐ **b** Polizisten
☐ **c** in ein tiefes Gewässer zu blicken
☐ **e** körperlichen Untersuchungen

16

☐ **e** zuzusehen, wie ein anderer eine Spritze bekommt
☐ **c** fremden Menschen
☐ **d** lauten Stimmen

17

☐ **e** vom Balkon hoher Gebäude herabzusehen
☐ **b** Mißerfolg im Studium oder in einem Lehrgang
☐ **a** Geisteskranken

18

☐ **d** Reisen im Auto
☐ **b** bei der Arbeit beobachtet zu werden
☐ **e** Bazillen

19

☐ **c** herannahenden Automobilen
☐ **e** tierischem Blut
☐ **a** Hunden

20

☐ **c** weiten offenen Plätzen
☐ **b** häßlichen Menschen
☐ **d** Reisen mit der Bahn

Wovor haben Sie am meisten Angst?

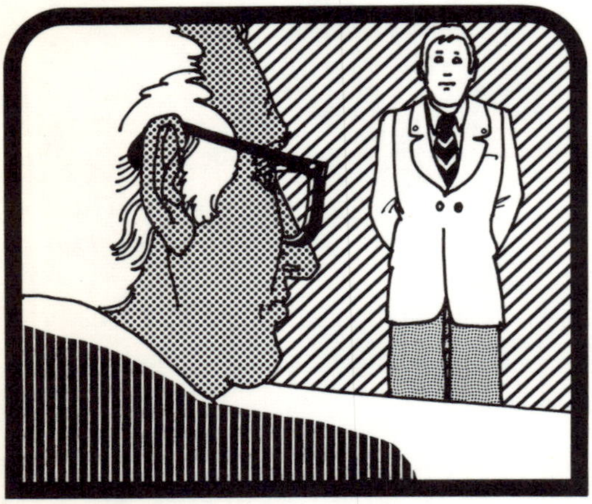

Ich habe eher Angst (da)vor ...

21
- ☐ **e** Ärzten
- ☐ **b** Krüppeln oder verwachsenen Menschen
- ☐ **c** eine verkehrsreiche Straße zu überqueren

22
- ☐ **d** Naturkatastrophen
- ☐ **e** offenen Wunden
- ☐ **c** in einem engen Raum eingeschlossen zu sein

23
- ☐ **a** Mäusen oder Ratten
- ☐ **b** dem Gefühl, von anderen abgelehnt zu werden
- ☐ **e** geisteskrank zu werden

24
- ☐ **b** im Studium oder bei einem Lehrgang zu versagen
- ☐ **a** Feuersbrünsten
- ☐ **e** bei einem chirurgischen Eingriff zuzusehen

25
- ☐ **d** in eine Schlägerei verwickelt zu werden
- ☐ **e** operiert werden zu müssen
- **a** Leichen

26
- ☐ **b** in einer Gesellschaft unpassend angezogen zu sein
- ☐ **d** bei einer Rauferei zusehen zu müssen
- ☐ **e** Herzstolpern

27
- ☐ **a** Blitzen
- ☐ **d** großen Menschenmassen
- ☐ **c** dem Alleinsein

28
- ☐ **d** in Wut zu geraten
- ☐ **c** im Flugzeug zu reisen
- ☐ **a** harmlosen Spinnen

29
- ☐ **c** Dunkelheit
- ☐ **b** kritisiert zu werden
- ☐ **a** krabbelnden Insekten

30
- ☐ **d** Unwetter
- ☐ **c** einen Raum zu betreten, in dem bereits andere Menschen sitzen
- ☐ **b** Mißerfolg beim anderen Geschlecht

31
- ☐ **a** Fledermäusen
- ☐ **c** Donner
- ☐ **d** Schmutz

32
- ☐ **d** lauten Stimmen
- ☐ **c** fremder Umgebung
- ☐ **e** körperlichen Untersuchungen

Wovor haben Sie am meisten Angst?

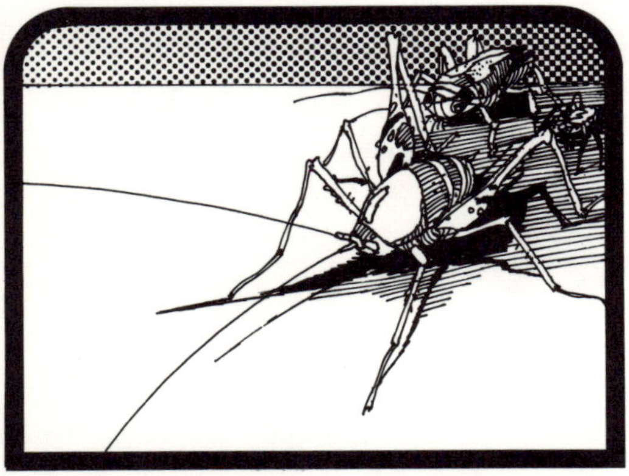

Ich habe eher Angst (da)vor . . .

33

☐ **b** von anderen nicht beachtet zu werden
☐ **a** Schußwaffen
☐ **c** Reisen im Bus

34

☐ **d** plötzlichen Geräuschen
☐ **b** kranken Menschen
☐ **a** fliegenden Insekten

35

☐ **a** harmlosen Schlangen
☐ **e** mich übergeben zu müssen
☐ **d** im Auto zu reisen

36

☐ **d** mit der Bahn zu verreisen
☐ **b** häßlichen Menschen
☐ **c** fremden Personen

37

☐ **e** Übelkeit
☐ **b** Polizisten
☐ **d** Bazillen

38

☐ **c** in ein tiefes Gewässer zu blicken
☐ **b** Autoritätspersonen
☐ **e** zuzusehen, wie ein anderer eine Spritze bekommt

39

☐ **c** herannahenden Automobilen
☐ **a** Hunden
☐ **b** Krüppeln oder verwachsenen Menschen

40

☐ **c** eine verkehrsreiche Straße zu überqueren
☐ **a** Gespenstern
☐ **e** hohen Gebäuden

41

☐ **a** im Studium oder in einem Lehrgang zu versagen
☐ **e** Ärzten
☐ **c** weiten offenen Plätzen

42

☐ **b** anderen weh zu tun
☐ **c** in einem engen Raum eingeschlossen zu sein
☐ **d** Naturkatastrophen

43

☐ **b** Prüfungssituationen
☐ **e** offenen Wunden
☐ **a** Leichen

44

☐ **a** Mäusen oder Ratten
☐ **b** im Leben zu versagen
☐ **c** dem Alleinsein

Wovor haben Sie am meisten Angst?

Ich habe eher Angst (da)vor . . .

45
- ☐ **a** Fledermäusen
- ☐ **c** fremder Umgebung
- ☐ **b** Polizisten

46
- ☐ **b** wütenden Menschen
- ☐ **c** Dunkelheit
- ☐ **a** harmlosen Spinnen

47
- ☐ **c** einen Raum zu betreten, in dem bereits andere Menschen sitzen
- ☐ **d** in Wut zu geraten
- ☐ **a** Blitzen

48
- ☐ **e** eine Injektion zu bekommen
- ☐ **d** brutal aussehenden Menschen
- ☐ **b** bei der Arbeit beobachtet zu werden

49
- ☐ **b** Autoritätspersonen
- ☐ **d** lauten Stimmen
- ☐ **c** Donner

50
- ☐ **e** bei einem chirurgischen Eingriff zuzusehen
- ☐ **d** bei einer Prügelei zuzusehen
- ☐ **c** im Flugzeug zu fliegen

51
- ☐ **e** zuzusehen, wie ein anderer eine Spritze bekommt
- ☐ **c** in ein tiefes Gewässer zu blicken
- ☐ **a** Hunden

52
- ☐ **c** Fremden
- ☐ **d** Schmutz
- ☐ **b** kranken Menschen

53
- ☐ **d** kritisiert zu werden
- ☐ **a** harmlosen Schlangen
- ☐ **e** körperlichen Untersuchungen

54
- ☐ **e** Übelkeit
- ☐ **a** fliegenden Insekten
- ☐ **b** dem Gefühl, von anderen nicht anerkannt zu werden

55
- ☐ **b** von anderen nicht beachtet zu werden
- ☐ **e** mich übergeben zu müssen
- ☐ **d** im Bus zu reisen

56
- ☐ **e** Herzstolpern
- ☐ **d** wenn eine Person eine andere einschüchtert
- ☐ **a** Feuersbrünsten

Test 3

Wovor haben Sie am meisten Angst?

Ich habe eher Angst (da)vor ...

57
- **d** Bazillen
- **a** Fledermäusen
- **c** herannahenden Automobilen

58
- **c** eine verkehrsreiche Straße zu überqueren
- **e** dem Anblick von Messern oder scharfen Gegenständen
- **d** mit der Bahn zu verreisen

59
- **a** Friedhöfen
- **e** dem Geruch von Medikamenten
- **b** Krüppeln oder verwachsenen Menschen

60
- **e** Ärzten
- **c** weiten offenen Plätzen
- **b** häßlichen Menschen

Testauswertung

Zählen Sie bitte aus, wie oft Sie jeden einzelnen Buchstaben angekreuzt haben. Für jedes Kreuz gibt es einen Punkt. Sie ermitteln so fünf Gesamtwerte für die einzelnen Angstreiz-Kategorien *a* bis *e*. (Zur Kontrolle: Die Werte aller fünf Kategorien ergeben zusammengezählt 60 Punkte.) Tragen Sie Ihre Punktzahlen hier ein:

Kategorie **a:** ☐ Punkte
Kategorie **b:** ☐ Punkte
Kategorie **c:** ☐ Punkte
Kategorie **d:** ☐ Punkte
Kategorie **e:** ☐ Punkte

Kreuzen Sie nun in der Tabelle auf Seite 76 an, in welche Punktklasse Sie bei den einzelnen Kategorien jeweils gehören.

Beachten Sie: Ihre Punktzahlen geben nicht etwa die absolute Höhe Ihrer Ängste an, sondern nur, bei welcher Kategorie von Angstreizen (also furchterregenden Objekten oder Situationen) Sie am ehesten – wenn überhaupt – Furchtreaktionen zeigen würden. Über das Ausmaß, in dem Sie dann tatsächlich mit Angst reagieren würden, gibt Ihnen Test 1 (Seite 56) Auskunft.

Wenn Sie in einer der fünf Angstreiz-Kategorien um zwei oder mehr Punktklassen höher liegen als in den anderen, bedeutet das, daß Sie für diese Reize besonders »sensibel« sind (siehe Seite 36/37).

Was die Kategorien im einzelnen bedeuten, lesen Sie auf Seite 76.

Interpretation

Kategorie a:

Angstreize, die sich im Laufe der biologischen Evolution des Menschen (siehe Seite 29) herausgebildet haben und auch in unserer Kultur allgemein akzeptiert werden. Man »darf« Angst vor Würmern, Spinnen, Mäusen, kriechenden Insekten, Fledermäusen, Schlangen, Feuer oder Friedhöfen haben.

Kategorie b:

Die weitverbreiteten »sozialen« Ängste: die Furcht, von anderen Menschen abgewiesen zu werden und Kritik oder Mißbilligung zu erfahren. Wenn Sie in dieser Kategorie über dem Durchschnitt liegen, machen Sie zur Kontrolle Test 4, und gehen Sie dann nach dem 6. Trainingsprogramm (Seite 111) vor.

Kategorie c:

Die Furcht vor dem »Neuen« oder dem Unbekannten, vor Gefahren und Katastrophen, mit denen man bisher keine Erfahrungen machen konnte. Wenn Sie in dieser Gruppe besonders hoch liegen, sind Sie wahrscheinlich sensibel für Erwartungsängste. Wappnen Sie sich durch das 1. und 2. Trainingsprogramm.

Kategorie d:

Die – meist angeborenen – Reize, die einfach durch ihre Intensität furchterregend sind. Sie sind es vor allem, die in Konditionierungssituationen als »natürliche« Angstauslöser auftreten. Lesen Sie das 3. Trainingsprogramm (Seite 96).

Kategorie e:

Die Furcht vor Verletzungen, medizinischen Eingriffen, Krankheit und Tod. Wenn Sie in dieser Kategorie besonders hoch liegen, erlernen Sie die Entspannungstechnik (Seite 86). Wenn außerdem Ihre allgemeine Ängstlichkeit (Test 1) weit über dem Durchschnitt liegt, sollten Sie ärztlichen Rat einholen.

Punktklassen						
Gruppe a	Gruppe b	Gruppe c	Gruppe d	Gruppe e	Bewertung	Personen in Ihrer Punktklasse
Punkte 23 bis 36 ◯	Punkte 28 bis 36 ◯	Punkte 15 bis 36 ◯	Punkte 20 bis 36 ◯	Punkte 22 bis 36 ◯	sehr hoch	2,3 %
18 bis 22 ◯	22 bis 27 ◯	11 bis 14 ◯	16 bis 19 ◯	19 bis 21 ◯	hoch	13,6 %
13 bis 17 ◯	15 bis 21 ◯	8 bis 10 ◯	11 bis 15 ◯	15 bis 18 ◯	eher hoch als niedrig	34,1 %
8 bis 12 ◯	9 bis 14 ◯	4 bis 7 ◯	7 bis 10 ◯	11 bis 14 ◯	eher niedrig als hoch	34,1 %
3 bis 7 ◯	3 bis 8 ◯	1 bis 3 ◯	3 bis 6 ◯	7 bis 10 ◯	niedrig	13,6 %
0 bis 2 ◯	0 bis 2 ◯	0 ◯	0 bis 2 ◯	0 bis 6 ◯	sehr niedrig	2,3 %

Test 4

Testanleitung

Wie gut ist Ihre Selbstbehauptung?

Unser Verhalten gegenüber anderen Menschen ist oft durch starke Sozialängste gestört. Gehemmte Menschen mit schwacher Selbstbehauptung haben in vielen Lebenssituationen mit erheblichen Schwierigkeiten zu kämpfen. Test 4 sagt Ihnen, ob Sie zu diesen Menschen gehören. Im 6. Trainingsprogramm (Seite 111) erfahren Sie dann, wie Sie gegen Ihre Sozialängste vorgehen können.

Im folgenden Test sind 30 Situationen oder Feststellungen aufgeführt, in denen das Verhalten, Denken und Fühlen anderen Menschen gegenüber eine Rolle spielt. Bei jeder dieser 30 Aufgaben können Sie auf verschiedene Weise Stellung nehmen. Deshalb sind jedesmal zwei oder drei Antwortmöglichkeiten vorgegeben.

Kreuzen Sie jeweils im davorstehenden Kästchen an, welche Möglichkeit Ihnen am ehesten entspricht. Falls einmal keine der vorgegebenen Antworten für Sie in Frage kommt, versuchen Sie dennoch, sich für diejenige zu entscheiden, die Ihrem persönlichen Temperament – trotz aller Einwände – noch am ehesten entspricht.

Und noch ein Hinweis: Bei manchen Aufgaben kann man durchaus den Eindruck haben, es sei leicht zu durchschauen, welche der Antwortmöglichkeiten »besser« ist und von Dritten günstiger beurteilt wird. Lassen Sie sich dadurch in Ihren Entscheidungen nicht beeinflussen. Es kommt nicht darauf an, daß Sie die objektiv »richtigen« Antworten herausfinden – die gibt es gar nicht –, sondern daß Sie die Antwort ankreuzen, die für Sie am typischsten ist.

1 Sie erfahren, daß ein guter Bekannter Gerüchte über Sie verbreitet. Wie verhalten Sie sich?

☐ **a** *Sie versuchen, ihn bei nächster Gelegenheit zur Rede zu stellen.*

☐ **f** *Sie brechen Ihre Kontakte zu ihm ab und gehen ihm nach Möglichkeit aus dem Wege.*

2 Es fällt Ihnen schwer, einen Untergebenen zu tadeln.

☐ **f** *Stimmt.*

☐ **e** *Stimmt nicht.*

3 Beim Einsteigen in einen Zug werden Sie rücksichtslos zur Seite gedrängt.

☐ **c** *Sie versuchen nun Ihrerseits, sich durch kräftige Armbewegungen Platz zu verschaffen.*

☐ **f** *Sie warten, bis Sie ungestört einsteigen können.*

☐ **a** *Sie protestieren laut.*

Wie gut ist Ihre Selbstbehauptung?

4 Sie gehören zu den Menschen, die ihre Meinung meistens für sich behalten.

☐ **b** *Richtig.*
☐ **c** *Falsch.*

5 Es tritt Ihnen jemand auf den Fuß, jedoch ohne sich zu entschuldigen.

☐ **f** *Sie denken: »Er hat es nicht gemerkt; ich sage lieber nichts.«*
☐ **d** *Sie sagen: »Nun, wie haben Sie eben gestanden?«*
☐ **c** *Sie sagen: »Hören Sie, wenn Sie mir schon auf den Fuß treten, dann sollten Sie sich doch wenigstens entschuldigen!«*

6 Es fällt Ihnen leicht, Menschen, die Ihnen sympathisch sind, Ihre Zuneigung offen zu zeigen.

☐ **a** *Stimmt.*
☐ **f** *Stimmt nicht.*

7 Während einer Diskussion stellen Sie fest, daß die Mehrheit Ihrer Gesprächspartner andere Standpunkte vertritt als Sie persönlich.

☐ **b** *Sie behalten daher Ihre Meinung für sich, weil es Ihnen wahrscheinlich doch nicht gelingt, die anderen zu überzeugen.*
☐ **e** *Sie vertreten sachlich Ihre Standpunkte und versuchen, die anderen von Ihrer Meinung zu überzeugen.*

8 Sie kommen zu spät zu einer Versammlung. Der Raum ist bereits vollbesetzt. Allerdings entdecken Sie in der ersten Reihe noch einen freien Platz.

☐ **b** *Sie bleiben hinten stehen und nehmen sich vor, das nächste Mal früher zu kommen.*
☐ **f** *Bevor Sie sich entschließen, nach vorne zu gehen, vergewissern Sie sich, ob nicht weiter hinten noch ein Platz frei ist.*
☐ **e** *Ohne zu zögern, durchqueren Sie den Raum und versuchen, diesen Platz zu ergattern.*

9 Haben Sie manchmal das Gefühl, daß Sie sich mehr als nötig entschuldigen?

☐ **f** *Ja.*
☐ **e** *Nein.*

Wie gut ist Ihre Selbstbehauptung?

10 Sie werden in einem Geschäft sehr zuvorkommend bedient. Sie können sich jedoch nicht zum Kauf entschließen, weil Ihnen die Preise unangemessen hoch erscheinen.

☐ **e** *Sie erklären, daß Sie sich wegen der hohen Preise nicht zum Kauf entschließen können, danken für die Beratung und verlassen das Geschäft.*

☐ **b** *Sie kaufen – wenn auch nicht eingeplant – eine Kleinigkeit und verlassen das Geschäft.*

☐ **f** *Sie bedanken sich für die gute Beratung und erklären, daß Sie sich die Sache noch einmal in Ruhe überlegen möchten.*

11 Ihr Vorgesetzter stellt Ihnen eine Aufgabe und erklärt sie Ihnen, ohne daß Sie sie jedoch auf Anhieb verstehen.

☐ **e** *Sie bitten, die Aufgabe noch einmal, diesmal aber detaillierter zu erklären.*

☐ **d** *Sie geben Ihrem Vorgesetzten zu verstehen, daß Sie ihn nicht ganz verstanden haben, und bitten, die Aufgabe nochmals zu erklären.*

☐ **b** *Sie sagen nichts und versuchen auf anderem Wege, diese Aufgabe zu verstehen.*

12 Mit einem vollkommen Unbekannten ein Gespräch anzufangen, fällt Ihnen schwer.

☐ **f** *Stimmt.*

☐ **e** *Stimmt nicht.*

13 In einem Speiselokal setzt man Ihnen schlecht zubereitetes Essen vor.

☐ **a** *Sie bitten den Kellner, dieses Essen zurückzunehmen und Ihnen einen Ersatz zu bringen.*

☐ **d** *Sie beschließen, in Zukunft dieses Lokal zu meiden, beschweren sich aber nicht.*

☐ **c** *Sie lassen den Geschäftsführer an den Tisch kommen und beschweren sich über die schlechte Qualität.*

14 Sie haben in einem Selbstbedienungsladen die Ware nicht gefunden, die Sie kaufen wollten. Fühlen Sie sich unbehaglich, wenn Sie mit leeren Händen an der Kasse durchgehen müssen?

☐ **b** *Ja.*

☐ **c** *Nein.*

15 Sie spüren, daß sich ein guter Bekannter Ihnen gegenüber plötzlich ablehnend verhält.

☐ **b** *Sie gehen von nun an diesem Bekannten aus dem Wege.*

☐ **e** *Sie sprechen diesen Bekannten an und versuchen zu ergründen, weshalb er Sie auf einmal ablehnt.*

☐ **c** *Sie fordern unmißverständlich von diesem Bekannten eine Begründung für sein ablehnendes Verhalten.*

Wie gut ist Ihre Selbstbehauptung?

16 In einem größeren Kreis beschließt man, für einen guten Zweck um Geldspenden zu bitten.

☐ **c** *Sie bieten spontan Ihre Mitarbeit an und rechnen jetzt schon damit, daß Sie wahrscheinlich den größten Geldbetrag zusammenbekommen würden.*

☐ **a** *Sie warten, ob man Sie zur Mitarbeit auffordert, setzen sich dann aber mit Ihrer ganzen Tatkraft ein.*

☐ **d** *Es würde Ihnen schwerfallen, andere um Geld zu bitten, und Sie hoffen, daß man Sie nicht zur Mitarbeit auffordert.*

17 Ein Freund verlangt von Ihnen etwas, das Sie für unsinnig halten. Es fällt Ihnen leicht, seine Bitte abzuschlagen.

☐ **c** *Stimmt.*

☐ **b** *Stimmt nicht.*

18 Sie stellen nach dem Verlassen eines Geschäftes fest, daß man Ihnen falsch herausgegeben hat.

☐ **b** *Sie lassen es dabei bewenden.*

☐ **a** *Sie gehen in den Laden zurück und fordern das fehlende Geld.*

☐ **d** *Sie gehen in den Laden zurück und versuchen, das fehlende Geld zu erhalten.*

19 Einem flüchtigen Bekannten ein Kompliment zu machen, fällt Ihnen nicht ganz leicht.

☐ **f** *Richtig.*

☐ **e** *Falsch.*

20 Sie haben das Gefühl, beruflich überfordert zu sein.

☐ **c** *Sie beschweren sich und drohen notfalls mit Kündigung.*

☐ **b** *Sie leisten mehr Überstunden, um den erhöhten Anforderungen gerecht zu werden.*

☐ **d** *Sie weisen Ihren Vorgesetzten auf die Grenzen Ihrer Arbeitskraft hin und bitten um Abhilfe.*

21 Andere Menschen, die sich verteidigen, wenn ihnen ein Unrecht geschieht, …

☐ **b** *… werden von Ihnen bewundert.*

☐ **c** *… verhalten sich so, wie Sie auch handeln würden.*

22 Meinungsverschiedenheiten mit anderen Menschen …

☐ **c** *… sind für Sie eine willkommene Gelegenheit, anderen Menschen Ihre Standpunkte klarzumachen.*

☐ **e** *… tragen Sie offen aus, um die Situation zu klären.*

☐ **b** *… gehen Sie möglichst aus dem Wege, um keine Unannehmlichkeiten zu bekommen.*

Wie gut ist Ihre Selbstbehauptung?

25 Sie werden von anderen Leuten überschwenglich gelobt.

☐ **f** *Dabei ist Ihnen unbehaglich zumute, und Sie weisen das Lob zurück.*
☐ **d** *Sie wissen, daß Ihnen dieses Lob gebührt und danken dafür.*
☐ **c** *Dieses Lob bereitet Ihnen große Genugtuung, und Sie sagen das den Leuten auch.*

26 Mitten in einer wichtigen Arbeit zuhause werden Sie von einem guten Bekannten gestört.

☐ **b** *Sie unterbrechen Ihre Arbeit.*
☐ **c** *Sie bitten Ihren Bekannten, zu einem günstigeren Zeitpunkt wiederzukommen.*

27 Wenn Sie mit launischen oder unberechenbaren Menschen zu tun haben, ist Ihnen immer etwas unbehaglich zumute.

☐ **f** *Richtig.*
☐ **e** *Falsch.*

28 Eine Parklücke wird Ihnen rücksichtslos vor der Nase weggeschnappt.

☐ **b** *Sie suchen einen anderen Parkplatz.*
☐ **c** *Sie machen den anderen auf sein unfaires Verhalten aufmerksam und warten ab, ob er dann den Parkplatz freigibt.*
☐ **c** *Sie verlangen von dem anderen mit Nachdruck, den Parkplatz zu räumen.*

23 Sie werden ungerechtfertigterweise von einem Freund kritisiert.

☐ **d** *Sie zeigen ihm, daß er unrecht hat.*
☐ **b** *Sie nehmen es hin, um einem Streit aus dem Wege zu gehen.*
☐ **a** *Sie erklären ihm, daß er nicht in der Lage ist, die Dinge klar zu sehen.*

24 Man bittet Sie um einen Gefallen; Sie haben aber das Gefühl, daß die Erfüllung dieser Bitte für Sie unangenehme Konsequenzen haben könnte. Würden Sie ohne weiteres nein sagen?

☐ **c** *Ja.*
☐ **b** *Nein.*

Wie gut ist Ihre Selbstbehauptung?

29 Es bietet sich Ihnen die Möglichkeit, mit einem wichtigen Politiker zu sprechen.

☐ **e** *Sie machen von dieser Möglichkeit Gebrauch.*

☐ **f** *Sie verzichten, da Sie fürchten, sich nicht ungezwungen unterhalten zu können.*

30 Ein Polizist verbietet Ihnen, ein Gelände zu betreten, obwohl Sie dazu berechtigt sind.

☐ **b** *Sie verlassen das Gelände widerspruchslos.*

☐ **d** *Sie versuchen, den Polizisten von Ihrer Befugnis zu überzeugen.*

☐ **e** *Sie drohen dem Polizisten mit einer Beschwerde.*

31 Streitigkeiten und offenen Auseinandersetzungen mit anderen Menschen gehen Sie möglichst aus dem Wege. Es würde Sie zu sehr belasten, auch nur vorübergehend Unfrieden zu ertragen.

☐ **b** *Richtig.*

☐ **c** *Falsch.*

32 Sie wurden bei einer Beförderung offensichtlich übergangen.

☐ **a** *Sie versuchen, an maßgeblicher Stelle, Ihren Anspruch auf Beförderung zu vertreten.*

☐ **d** *Um Auseinandersetzungen zu vermeiden, schweigen Sie.*

33 Trotz kalter Witterung hat es Ihr Hauswirt bisher unterlassen, die Heizung in Betrieb zu setzen.

☐ **b** *Sie hoffen, daß andere Hausbewohner ihn darauf ansprechen.*

☐ **e** *Sie unterhalten sich mit Ihrem Hauswirt und machen ihn auf das Versäumnis aufmerksam.*

☐ **c** *Sie dringen auf sofortige Inbetriebnahme und drohen, sonst einen Teil der Miete einzubehalten.*

Wie gut ist Ihre Selbstbehauptung?

34 Ihr Kind bringt eine offensichtlich ungerechtfertigt schlechte Zensur nach Hause.

☐ **b** *Sie gestehen dem Lehrer besseres Fachwissen zu und erheben keinen Einspruch.*

☐ **c** *Sie setzen sich mit dem Lehrer in Verbindung und diskutieren mit ihm über das Zustandekommen der Note.*

35 Auf einer Behörde läßt man Sie unnötig lange warten.

☐ **c** *Sie versuchen, eine Verkürzung der Wartezeit zu erzwingen.*

☐ **b** *Sie üben sich in Geduld, um Aufsehen zu vermeiden.*

☐ **a** *Sie protestieren gegen diese Behandlung.*

36 Es verunsichert Sie, wenn Sie durch ein Lokal gehen und alle Blicke auf sich gerichtet fühlen.

☐ **f** *Stimmt.*

☐ **a** *Stimmt nicht.*

37 Sie stehen plötzlich im Mittelpunkt einer Diskussion.

☐ **c** *Sie genießen diese Situation und versuchen, sie möglichst lange aufrechtzuerhalten.*

☐ **d** *Sie versuchen, Ihrer Rolle gerecht zu werden.*

☐ **b** *Sie sind dankbar, wenn man Sie aus dieser Situation erlöst.*

38 Es macht Ihnen gar nichts aus, wenn Sie plötzlich das Gefühl haben, daß verschiedene Bekannte Sie ablehnen oder nicht mögen.

☐ **a** *Richtig.*

☐ **f** *Falsch.*

Test 4

Testauswertung

Zählen Sie für jeden der Buchstaben *a* bis *f* getrennt aus, wie oft Sie ihn angekreuzt haben. Schreiben Sie diese Zahlen in der nebenstehenden Auswertungstabelle jeweils in das Kästchen, das hinter dem betreffenden Buchstaben steht.

Multiplizieren Sie nun bitte die eingetragenen Zahlen jeder Zeile mit der jeweils dahinterstehenden Zahl. In das hinterste Kästchen schreiben Sie das Ergebnis. Diese Produkte zählen Sie zusammen. Die Summe bildet Ihren Gesamtpunktwert für Selbstbehauptung.

In der Tabelle unten auf dieser Seite kreuzen Sie an, zu welcher Punktklasse Sie gehören. Sie können dann ablesen, ob Sie zu den Menschen mit starker oder mit schwacher Selbstbehauptung gehören und wieviel Personen die gleichen Werte erreichen.

a	☐	× **3** =	☐
b	☐	× **0** =	☐
c	☐	× **5** =	☐
d	☐	× **2** =	☐
e	☐	× **4** =	☐
f	☐	× **8** =	☐

Gesamtwert Selbstbehauptung: ☐

Wenn Ihre Selbstbehauptung unter dem Durchschnitt von 94 Punkten liegt, ist das ein Zeichen für Sozialangst. Gehen Sie nach dem 6. Trainingsprogramm (Seite 111) dagegen an.

Punktklassen:	Ihre Klasse:	Bewertung Ihrer Selbstbehauptung:	Personen in Ihrer Punktklasse:
144 bis 165 Punkte	○	extrem stark	0,1 %
127 bis 143 Punkte	○	sehr stark	2,2 %
111 bis 126 Punkte	○	stark	13,6 %
94 bis 110 Punkte	○	eher stark als schwach	34,1 %
77 bis 93 Punkte	○	eher schwach als stark	34,1 %
60 bis 76 Punkte	○	schwach	13,6 %
43 bis 59 Punkte	○	sehr schwach	2,2 %
19 bis 42 Punkte	○	extrem schwach	0,1 %

Trainingspläne gegen Angst Übersicht

1. Trainingsprogramm:
Entspannung (Seite 86)

Sie erlernen eine bewährte Technik der aktiven Muskelentspannung zur Dämpfung von Erregung und Angstzuständen. Empfehlenswert: wenn Sie in Test 1 (Labilität) und in Test 2 über dem Durchschnitt liegen. Die Entspannungstechnik wird vorausgesetzt beim 2., 3. und 5. Trainingsprogramm.

2. Trainingsprogramm:
Minderung von Erwartungsangst durch Entspannungstraining (Seite 93)

Sie lernen vor entscheidenden Ereignissen Ihr Erregungsniveau zu senken und so kritische Situationen besser zu meistern. Empfehlenswert: wenn Sie in Test 1 (Labilität) und in Test 2 über dem Durchschnitt liegen. Voraussetzung: Beherrschen der Entspannungstechnik.

3. Trainingsprogramm:
Verhinderung einer Phobie nach einem Angsterlebnis (Seite 96)

Mit diesem Programm können Sie der Entwicklung einer Phobie vorbeugen. Empfehlenswert: wenn Sie in Test 1 bei Labilität und Introversion über dem Durchschnitt liegen. Voraussetzung: Beherrschen der Entspannungstechnik. Stellen Sie anhand von Test 3 fest, für welche Angstreize Sie besonders »sensibel« sind.

4. Trainingsprogramm:
Überwinden einer Phobie durch systematisches, wohldosiertes Aufsuchen (Seite 98)

Sie lernen starke Ängste vor konkreten Dingen oder Situationen, die leicht aufsuchbar sind, zu überwinden. Empfehlenswert: bei Angst vor großen Höhen, offenen Plätzen, engen oder dunklen Räumen, Tieren aller Art usw. Ermitteln Sie zuvor mit Test 2 und Test 3 Ihre »aversive Reaktion« und die von Ihnen »bevorzugten« Angstreize.

5. Trainingsprogramm:
Überwinden einer Phobie durch Gegenkonditionieren (Seite 104)

Dieses Programm hilft Ihnen ebenfalls bei der Überwindung von irrationalen Ängsten und Phobien. Empfehlenswert: wenn es schwierig ist, die furchtauslösenden Objekte und Situationen in der Realität aufzusuchen. Voraussetzung: die sichere Beherrschung der Entspannungstechnik. Bearbeiten Sie zuvor Test 3 und Test 4.

6. Trainingsprogramm:
Unangemessene Angst in sozialen Situationen (Seite 111)

Sie lernen, wie Sie Angst und Unsicherheit im Umgang mit anderen Menschen abbauen und selbstbewußter auftreten können. Sie lernen, wie Sie angemessen Forderungen an Ihre Umwelt stellen und sich im sozialen Kontakt besser durchsetzen können. Empfehlenswert: wenn Sie in Test 3 bei Kategorie b besonders hoch liegen und in Test 4 weniger als 94 Punkte erreicht haben.

7. Trainingsprogramm:
Kinderängste (Seite 118)

Sie lernen wichtige Prinzipien kennen, nach denen Sie vorgehen müssen, wenn Sie Ihrem Kind bei der Überwindung von Ängsten helfen wollen. Mit systematischen Trainingsplänen befreien Sie Ihr Kind zum Beispiel von der Angst vor dem Wasser, vor dem Alleinsein, vor der Dunkelheit und vor der Schule.

1. Trainingsprogramm

Entspannung

Bei Emotionen wie Angst treten mit dem psychischen Erleben immer zugleich motorische und physiologische Begleiterscheinungen auf. Diese drei »Komponenten der Angst« (siehe Seite 13) beeinflussen sich gegenseitig. Angst ist stets von Muskelaktivität begleitet, und sehr starke Angstgefühle führen meist zu einer Verkrampfung der willkürlichen Muskulatur. Der Grad der Muskelanspannung gibt Auskunft über unsere innere Spannung. Wenn ein Angstzustand in uns abgeflaut ist, fühlen wir uns danach nicht nur psychisch, sondern auch körperlich entspannt.

Um unsere Angst abzubauen, können wir auch umgekehrt vorgehen: Da Emotionen durch Muskelaktivität beeinflußbar sind, können wir durch Muskelentspannung unsere Furchtgefühle reduzieren. Denken Sie an das Prinzip der »reziproken Hemmung« (siehe Seite 53): Muskelentspannung ist mit Furchtreaktionen unvereinbar. Sobald wir uns im Zustand der Entspannung befinden, wird unser Erregungsniveau zunehmend gedämpft. Dazu kommt die Beruhigung durch das Augenschließen und Ausblenden äußerer Wahrnehmungen.

Das »große« Entspannungstraining, das auf der nächsten Seite beginnt, wird Ihnen bei der Überwindung Ihrer Ängste helfen. Die meisten Trainingspläne in diesem Buch setzen seine Beherrschung sogar voraus. Entspannungstraining kann Ihnen darüber hinaus auch im Alltag helfen: zum Beispiel bei ständiger Nervosität oder bei Einschlaf-Störungen. Sie werden sich nach jeder Übung entspannt, gelöst und erleichtert fühlen.

Anleitung

Beachten Sie bitte zunächst folgende Hinweise:

- *Wenn Sie unter Kreislaufstörungen leiden, fragen Sie auf jeden Fall Ihren Arzt, bevor Sie mit dem Entspannungstraining beginnen.*
- *Üben Sie mit einem geeigneten »Trainer«: Lassen Sie sich die einzelnen Übungsanweisungen von Ihrem Ehepartner oder einem guten Freund langsam vorlesen. Oder trainieren Sie in der Gruppe. Eine andere bewährte Methode: Sie sprechen die folgenden Texte auf ein Tonband und hören es während der Übungszeiten ab. (Mit dem Buch auf dem Tisch zu trainieren und die Übungen abzulesen, ist wirklich nur eine Notlösung!)*
- *Die Übungstexte müssen im vollen Wortlaut, langsam und deutlich gesprochen werden. Nach den einzelnen Absätzen sind Pausen einzulegen, deren ungefähre Länge jeweils im Text vermerkt ist. Der Trainer (oder Sie, wenn Sie Ihr Tonband vorbereiten) sollte also eine Uhr in der Hand halten. Für jeden Tag ist angegeben, wieviel Zeit Sie für die einzelnen Übungen ungefähr brauchen.*
- *Suchen Sie sich für Ihr tägliches Training einen ruhigen, von der Umwelt abgeschirmten Raum. Sorgen Sie von vornherein dafür, daß Sie nicht durch andere Familienmitglieder, Türglocke, Telefon usw. gestört werden.*
- *Trainieren Sie auf einem bequemen Stuhl mit Armlehnen.*
- *Erlernen Sie die Entspannung nach einem Sieben-Tage-Plan. Forcieren Sie nichts: Sie brauchen eine gewisse Zeit, bis sich die einzelnen Entspannungsreaktionen automatisch einstellen.*

Das »große« Entspannungstraining

1. Tag *(Übungsdauer 8 bis 10 Minuten)*

Setzen Sie sich auf Ihren Stuhl. Lassen Sie die Arme locker auf den Lehnen liegen. Entspannen Sie sich so gut Sie können. *(10 Sekunden)*

Jetzt, in diesem entspannten Zustand, schließen Sie die rechte Hand zu einer Faust. – Sie drücken Sie fester und fester zusammen und achten dabei auf das Gefühl der Spannung ... in Ihrer rechten Faust ..., in der Hand ..., im Unterarm. *(5 Sekunden)*

So, und nun lassen Sie die Finger Ihrer rechten Hand ganz locker werden ..., achten Sie auf das nunmehr ganz andere Gefühl der Entspannung. – Jetzt lassen Sie sich so richtig hängen ..., und versuchen Sie noch entspannter zu werden. *(5 Sekunden)*

Noch einmal: Schließen Sie die rechte Hand fest zur Faust ..., und achten Sie erneut auf die Spannung. *(10 Sekunden)*

Nun lassen Sie es gut sein, und entspannen Sie sich. Die Finger werden wieder gestreckt, und Sie achten wieder auf das Gefühl der Entspannung. *(10 Sekunden)*

Jetzt wiederholen Sie das Ganze mit der linken Hand, während der übrige Körper sich entspannt. Schließen Sie die Faust noch fester ..., und achten Sie auf die Spannung ... in der Hand ..., im Unterarm. *(5 Sekunden)*

Und jetzt ... entspannen Sie sich. Genießen Sie den Kontrast ... ganz entspannt. *(10 Sekunden)*

Wiederholen Sie das noch einmal: Schließen Sie die linke Hand fest und kraftvoll *(10 Sekunden)* ..., und entspannen Sie die Hand wieder. Achten Sie bewußt auf den Unterschied. *(10 Sekunden)* Und jetzt schließen Sie beide Hände ... fest und fester. Beide Hände sind sehr angespannt, ebenso die Unterarme. – Konzentrieren Sie sich auf die dabei auftretenden Körpergefühle – denken Sie an nichts anderes als daran *(10 Sekunden)* ..., und entspannen Sie sich. Strekken Sie die Finger ..., und achten Sie auf das Gefühl der Entspannung. – Entspannen Sie Ihre Hände und Ihre Unterarme immer mehr ... und immer mehr. *(10 Sekunden)*

Wiederholen Sie das noch einmal: Beide Hände zur Faust ballen *(10 Sekunden)* ... und wieder entspannen. *(10 Sekunden)*

Jetzt beugen Sie beide Arme im Ellenbogengelenk, und spannen Sie den Bizeps an ..., fester und fester. – Achten Sie wieder auf das Gefühl der Spannung. *(5 Sekunden)* Gut ..., strecken Sie die Arme wieder locker aus. Lassen Sie sie entspannt herunterhängen ..., und lassen Sie das Gefühl der Entspannung auf sich wirken. *(10 Sekunden)*

Noch einmal: Spannen Sie Ihren Bizeps an. Halten Sie die Spannung ..., achten Sie sorgfältig auf dieses Gefühl. *(10 Sekunden)* Strecken Sie die Arme wieder, und entspannen Sie sich – so gut Sie können. *(10 Sekunden)* Wiederholen Sie das: Achten Sie auf das Gefühl der Anspannung *(10 Sekunden)* ... und der Entspannung. *(10 Sekunden)*

Nun strecken Sie die Arme ganz durch, so daß Sie ein Gefühl äußerster Spannung entlang der Unterseite der Oberarme verspüren. Halten Sie die Arme so ..., und konzentrieren Sie sich auf diese Spannung. *(5 Sekunden)*

Und jetzt entspannen Sie sich. Bringen Sie die Arme wieder in eine bequeme Stellung. – Lassen Sie die Entspannung auf sich wirken. – Dabei sollten Sie in den Armen eine angenehme Schwere spüren. *(5 Sekunden)*

Strecken Sie die Arme noch einmal so, daß Sie wieder die Spannung an der Unterseite der Arme spüren. Strecken Sie sie ganz aus . . ., und achten Sie auf dieses Gefühl. *(5 Sekunden)* – Bringen Sie Ihre Arme wieder in eine bequeme Lage . . ., lassen Sie sie ohne jede Anspannung ganz locker. – Entspannen Sie Ihre Arme noch mehr . . ., selbst wenn Sie das Gefühl haben, Ihre Arme seien schon völlig entspannt. – Lassen Sie das Gefühl der Entspannung immer tiefer in Ihren Körper eindringen. *(20 Sekunden)*

Wenn Sie die Übung beenden, zählen Sie vor dem Aufstehen langsam rückwärts: »Vier . . ., drei . . ., zwei . . ., eins. Ich fühle mich wohl und erfrischt, hellwach und ruhig!«

2. Tag *(Übungsdauer 8 bis 10 Minuten)*

Lassen Sie alle Ihre Muskeln locker . . ., überlassen Sie sich dem Gefühl der Schwere.

Ziehen Sie jetzt die Augenbrauen hoch, legen Sie Ihre Stirn in Querfalten . . ., ganz fest . . ., noch fester. *(5 Sekunden)* Und jetzt hören Sie damit auf, und entspannen Sie die Stirn. – Stellen Sie sich vor, wie Ihre Stirn und Ihre Kopfhaut mit wachsender Entspannung immer glatter werden. *(10 Sekunden)*

Jetzt ziehen Sie die Augenbrauen zusammen . . . so fest sie können. Lassen Sie steile Zornesfalten auf Ihrer Stirn erscheinen . . ., und achten Sie dabei auf die Anspannung der Muskulatur. *(5 Sekunden)* – Und nun lockern Sie sich wieder. Ihre Stirn soll sich vollkommen glätten und entspannen. *(10 Sekunden)*

Und jetzt . . . schließen Sie Ihre Augen . . . fester und fester. – Konzentrieren Sie sich auf das Gefühl der Spannung. *(10 Sekunden)*

Jetzt entspannen Sie Ihre Augen. Halten Sie die Augen dabei geschlossen, aber ganz leicht . . ., so wie es Ihnen angenehm ist. Achten Sie auf das Gefühl der Entspannung. *(10 Sekunden)*

Jetzt beißen Sie die Zähne zusammen. – Achten Sie dabei auf die in den Kaumuskeln auftretenden Spannungen. *(5 Sekunden)* Jetzt entspannen Sie Ihre Kiefer. Die Lippen lassen Sie ruhig, leicht geöffnet. – Genießen Sie die Entspannung. *(10 Sekunden)*

Und jetzt pressen Sie die Zunge fest gegen die Rückseite der Schneidezähne. – Achten Sie auch jetzt wieder auf die Spannungen. *(10 Sekunden)* – Gut . . ., lassen Sie nun Ihre Zunge in eine bequeme und entspannte Lage zurückkehren. *(10 Sekunden)*

Und jetzt drücken Sie die Lippen aufeinander . . ., fester und fester. – Nicht von innen auf die Lippen beißen! Nur die Lippen ganz fest zusammenpressen. *(10 Sekunden)*

Entspannen Sie die Lippen wieder. – Achten Sie auf den Unterschied zwischen Spannung und Entspannung. – Konzentrieren Sie sich ganz bewußt auf die Entspannung . . . in den Lippen . . ., der Zunge . . . und der Kehle . . ., den Kaumuskeln . . ., in den Augen . . ., der Stirnpartie . . . und der Kopfhaut . . ., in Ihrem Gesicht. – Sie fühlen sich mehr und mehr entspannt. *(10 Sekunden)*

Jetzt drücken Sie Ihren Kopf so weit es irgend geht nach hinten. – Achten Sie dabei auf die Spannung im Nacken. *(5 Sekunden)*

Rollen Sie den Kopf langsam zur rechten Seite . . ., achten Sie auf den Spannungswechsel. *(5 Sekunden)* – Jetzt rollen Sie ihn nach links. *(5 Sekunden)*

Richten Sie Ihren Kopf jetzt wieder auf . . ., und senken Sie ihn. – Pressen Sie das Kinn auf die Brust. *(10 Sekunden)*

Und nun lassen Sie den Kopf in eine bequeme Lage zurückkehren . . ., überlassen Sie sich immehr mehr der Entspannung. *(10 Sekunden)*

Nun ziehen Sie Ihre Achseln richtig hoch. Halten Sie die Spannung. *(10 Sekunden)* Und lassen Sie die Schultern fallen. – Achten Sie auf die Entspannung. *(10 Sekunden)*

Ziehen Sie die Schultern noch einmal hoch. – Kreisen Sie mit den Schultern. Ziehen Sie sie hoch . . ., dann nach vorn . . . und nach hinten. – Achten Sie auf die Spannung in den Schultern, der oberen Rückenpartie. *(5 Sekunden)*

Und jetzt lassen Sie die Schultern wieder fallen . . ., entspannen Sie sich. Fühlen Sie die Entspannung tief in den Schultern . . . und der Rückenmuskulatur. – Entspannen Sie den Nacken . . ., die Kehle . . ., die Kaumuskeln . . ., während die Entspannung sich ausbreitet und tiefer . . ., tiefer . . . und immer tiefer . . . und noch tiefer zu wirken beginnt. *(20 Sekunden)*

Beenden Sie die Übung mit der Formel: »Vier . . ., drei . . ., zwei . . ., eins. Ich fühle mich wohl und erfrischt, hellwach und ruhig!«

3. Tag *(Übungsdauer 16 bis 20 Minuten)*

Wiederholen Sie die Übungen vom 1. und 2. Tag.

4. Tag *(Übungsdauer 8 bis 10 Minuten)*

Entspannen Sie den gesamten Körper so gut Sie können. – Achten Sie auf das angenehme Gefühl der Schwere, das bei Entspannung eintritt. – Atmen Sie leicht und frei ein . . . und . . . aus . . ., ein . . . und . . . aus. – Achten Sie beim Ausatmen auf das zunehmende Gefühl der völligen Entspannung. *(10 Sekunden)*

Nun atmen Sie kräftig ein – füllen Sie die Lunge – atmen Sie ganz tief ein, und . . . halten Sie den Atem an. – Achten Sie dabei auf die Spannung. *(5 Sekunden)*

Und jetzt . . . ausatmen. Lassen Sie – mit ganz lockerem Brustkorb – die Luft automatisch entweichen. *(5 Sekunden)*

Entspannen Sie sich weiter . . ., und atmen Sie frei und gelassen. – Überlassen Sie sich dem Gefühl der Entspannung, und genießen Sie es. *(10 Sekunden)*

Füllen Sie die Lunge noch einmal, während Sie Ihren Körper so weit wie möglich entspannt lassen. Atmen Sie tief ein . . ., und halten Sie den Atem an. *(10 Sekunden)*

Das reicht. Atmen Sie aus . . ., und geben Sie sich der Entspannung hin. – Atmen Sie wieder ganz normal. Lassen Sie die Brust weiterhin entspannt . . ., und entspannen Sie nach und nach auch den Rücken . . ., die Schultern . . ., den Nacken . . . und die Arme. – Lassen Sie alles locker . . ., und genießen Sie die Entspannung. *(10 Sekunden)*

Jetzt richten Sie Ihre Aufmerksamkeit auf die Bauchdecke. Spannen Sie die Bauchmuskeln an . . ., bis sie ganz hart werden. – Spüren Sie die Spannung. *(5 Sekunden)* Entspannen Sie sich wieder. Lockern Sie die Muskeln, und achten Sie auf den Kontrast. *(10 Sekunden)*

Noch einmal: Straffen Sie Ihre Bauchmuskeln. – Halten Sie die Spannung . . ., und achten Sie auf dieses Gefühl. *(10 Sekunden)* – Und entspannen Sie sich wieder. – Genießen Sie das Wohlgefühl, das sich beim Entspannen der Bauchdecke ausbreitet. *(10 Sekunden)*

Jetzt ziehen Sie den Bauch ein. Die Bauchdecke wölbt sich nach innen. – Achten Sie auf dieses neue Spannungsgefühl. *(10 Sekunden)* – Entspannen Sie sich jetzt wieder. Die Bauchdecke geht zurück in ihre normale Lage. – Atmen Sie weiterhin ganz frei und leicht. Achten Sie dabei auf das Gefühl im Leib . . ., wie bei einer sanften Massage. *(10 Sekunden)*

Jetzt ziehen Sie den Bauch noch einmal ein . . ., halten Sie die Spannung. *(10 Sekunden)* – Nun den Bauch vorstrecken . . ., in dieser Lage anspannen . . . und die Spannung halten. *(10 Sekunden)* – Noch einmal den Bauch einziehen . . . und dabei auf die Spannung achten. *(10 Sekunden)*

Jetzt den Bauch vollständig entspannen. – Die Spannung soll in dem Maße schwinden, in dem die Entspannung tiefer in Ihren Körper eindringt. Achten Sie bei jedem Ausatmen auf den Rhythmus der Entspannung . . ., in der Lunge . . ., im Magen- und Darmbereich. – Und achten Sie darauf, wie sich Ihr Leib dabei immer mehr entspannt. – Versuchen Sie alle Muskeln in Ihrem Körper im Rhythmus des Ein- und Ausatmens zu kontrahieren . . . und wieder zu entspannen. *(10 Sekunden)*

Jetzt richten Sie Ihre Aufmerksamkeit auf die untere Rückenpartie: Drücken Sie das Kreuz durch. Machen Sie es ganz hohl . . ., und achten Sie auf das Gefühl der Spannung entlang der Wirbelsäule. *(5 Sekunden)*

Nehmen Sie jetzt wieder eine bequeme Stellung ein . . ., und entspannen Sie den Rükken. *(10 Sekunden)*

Drücken Sie das Kreuz noch einmal durch, und achten Sie dabei wieder auf die Spannung. – Lassen Sie dabei den übrigen Körper so entspannt wie möglich. Versuchen Sie, die Spannungen im unteren Rücken genau zu lokalisieren. *(5 Sekunden)*

Entspannen Sie sich wieder, damit die Entspannung sich mehr und mehr in Ihrem Körper ausbreitet. – Entspannen Sie die untere Rückenpartie . . ., den oberen Teil Ihres Rückens . . ., Bauch . . ., Brust . . ., Schultern . . ., Arme und das Gesicht. – Alle diese Teile . . . weiter und weiter . . . und immer tiefer entspannen. *(20 Sekunden)*

Sprechen Sie vor dem Aufstehen wieder: »Vier . . ., drei . . ., zwei . . ., eins. Ich fühle mich wohl und erfrischt, hellwach und ruhig!«

5. Tag *(Übungsdauer 25 bis 30 Minuten)*

Wiederholen Sie die Übungen vom 1., 2. und 4. Tag.

6. Tag *(Übungsdauer 8 bis 10 Minuten)*

Lassen Sie alle Muskeln locker, und entspannen Sie sich. *(10 Sekunden)* – Jetzt spannen Sie die Gesäß- und Oberschenkelmuskeln an. – Spannen Sie die Muskeln dadurch, daß Sie die Fersen so fest wie möglich auf den Boden pressen. *(10 Sekunden)*

Entspannen Sie sich . . ., und achten Sie auf den Unterschied zwischen Spannung und Entspannung. *(10 Sekunden)*

Strecken Sie jetzt Ihre Beine in den Knien . . ., und spannen Sie die Oberschenkelmuskeln wieder an. – Halten Sie die Spannung. – Ihre Beine sind jetzt waagrecht in der Luft. *(5 Sekunden)* Lassen Sie sie wieder sinken. Entspannen Sie Hüften und Oberschenkel. – Sorgen Sie dafür, daß sich die Entspannung noch weiter ausbreiten kann. *(10 Sekunden)*

Drücken Sie Ihre Füße und Zehen nach unten – wie eine Spitzentänzerin –, weg von sich, so daß Ihre Wadenmuskeln angespannt werden . . ., ganz stark nach unten. – Achten Sie auf diese Spannung. *(5 Sekunden)* Entspannen Sie jetzt wieder die Füße und die Waden. *(10 Sekunden)*

Und jetzt winkeln Sie Ihre Füße im Fußgelenk nach oben an, so daß Sie die Spannung entlang der Schienbeine spüren. Heben Sie die Zehen so weit wie möglich. *(5 Sekunden)*

Entspannen Sie sich wieder. *(10 Sekunden)* – Jetzt überlassen Sie Ihren ganzen Körper mehr und mehr dem Gefühl der Entspannung. Entspannen Sie die Füße . . ., die Fußgelenke . . ., die Waden . . ., die Muskulatur am Schienbein . . . und am Knie . . ., die Oberschenkel . . ., das Gesäß und die Hüften. – Achten Sie auf das Schweregefühl in der unteren Körperhälfte . . ., während Sie sich weiter und weiter entspannen. *(5 Sekunden)*

Jetzt dehnen Sie die Entspannung auf den Bauch . . ., die Taille . . . und die untere Rückenpartie aus. Entspannen Sie sich weiter . . . und weiter. – Geben Sie sich dem Gefühl der Entspannung am ganzen Körper hin. Achten Sie darauf, wie es auch zum oberen Rücken . . ., zur Brust . . ., in die Schultern . . . und Arme . . ., bis hinein in die Fingerspitzen gelangt. Fahren Sie fort, sich tiefer und tiefer zu entspannen. *(5 Sekunden)*

Vergewissern Sie sich, daß die Kehlkopfmuskeln sich inzwischen nicht verspannt haben. Entspannen Sie den Nacken . . ., die Kiefer . . . und alle anderen Gesichtsmuskeln . . ., Augen, Stirn, Kopfhaut – mit geschlossenen Augen, damit Sie nicht durch Ihre Umgebung abgelenkt werden. – Halten Sie Ihren gesamten Körper so für eine Weile im Zustand der völligen Entspannung. – Entspannen Sie sich. *(10 Sekunden)*

Jetzt können Sie sich doppelt so gut entspannen wie vorher. – Atmen Sie tief ein . . . und aus. – Und achten Sie dabei auf das Gefühl der zunehmenden Körperschwere. – Atmen Sie noch einmal lang und tief ein . . ., und atmen Sie ganz langsam wieder aus. Sie fühlen, wie schwer und entspannt Ihr Körper jetzt geworden ist. *(10 Sekunden)*

In diesem Zustand vollständiger Entspannung . . . sollten Sie nicht das geringste Bedürfnis verspüren, auch nur einen einzigen Muskel in Ihrem Körper zu bewegen. – Denken Sie nach über die Anstrengung, die erforderlich wäre, um jetzt den rechten Arm zu heben. Stellen Sie sich das Heben des Armes vor. – Und dabei achten Sie genau darauf, ob sich irgendwelche Spannungen in die Schulter oder in den Arm eingeschlichen haben. – Und jetzt beschließen Sie, den Arm nicht zu heben, sondern sich weiter . . . und weiter zu entspannen. Achten Sie auf das Schwinden jeder Spannung. – Nun entspannen Sie sich weiter in dieser Weise. *(60 Sekunden)* – Sie können den Entspannungszustand nun beliebig lange halten. In diesem Zustand machen Sie auch die Trainingsprogramme, bei denen Sie sich entspannen müssen. Vergessen Sie vor dem Aufstehen nie die Formel: »Vier . . ., drei . . ., zwei . . ., eins. Ich fühle mich wohl und erfrischt, hellwach und ruhig.«

7. Tag *(Übungsdauer 30 bis 40 Minuten)*

Wiederholen Sie die Übungen vom 1., 2., 4. und 6. Tag.

8. – 14. Tag

Trainieren Sie nun täglich 10 Minuten ohne Partner oder Tonbandgerät. Entspannen Sie der Reihe nach die Arme, Gesicht, Nacken, Schultern und oberen Rückenbereich – Brust, Bauch und untere Rückenpartie – Hüften, Oberschenkel, Waden und Füße.

Sollten Sie die völlige Entspannung auf diese Weise nicht erreichen, nehmen Sie sich eine halbe Stunde Zeit, und wiederholen Sie – mit »Partner« die Übung vom siebten Tag.

Von der dritten Woche an sollten Sie Ihre Entspannungsübungen mindestens jeden zweiten oder dritten Tag auffrischen. Sie werden feststellen, daß Ihnen das Training nach kurzer Zeit »in Fleisch und Blut« übergeht – vor allem, wenn Sie mehrmals am Tag die Kurz-Entspannung (Seite 92) durchführen.

Kurz-Entspannung

Nicht immer werden Sie Gelegenheit haben, das »große« Entspannungstraining durchzuführen. Oft stehen Ihnen nur wenige Minuten Zeit zur Verfügung, in denen Sie sich kurz ausruhen können. Für diese kleinen Pausen ist das Kurz-Entspannungstraining gedacht. Sie können es nahezu überall durchführen: in der Bahn, auf einem Parkplatz im Auto, im Büro, nach dem Essen. Voraussetzung ist jedoch die Beherrschung des großen Trainings.

So gehen Sie vor:

- *Suchen Sie sich eine Zeit aus, in der Sie für einige Minuten ungestört sind.*
- *Verschränken Sie die Hände hinter dem Kopf, und drücken Sie die Ellbogen so weit es geht nach hinten.*
- *Pressen Sie Zähne und Lippen fest aufeinander.*
- *Strecken Sie die Beine vor, und drücken Sie die Fußspitzen nach unten. Spannen Sie dabei alle Muskeln an.*
- *Atmen Sie ein, halten Sie die Luft an, straffen und pressen Sie dabei Ihre Bauchmuskeln.*
- *Bleiben Sie in diesem Zustand, und zählen Sie in Gedanken langsam bis fünf.*
- *Atmen Sie langsam wieder aus. Lassen Sie Ihre Glieder dabei entspannt fallen, lokkern Sie sich am ganzen Körper.*
- *Bleiben Sie ein paar Minuten in diesem Zustand völliger Entspannung.*
- *Vor dem Aufstehen sprechen Sie in Gedanken die Formel: »Vier, drei, zwei, eins. Ich fühle mich wohl und erfrischt, hellwach und ruhig.«*

Wiederholen Sie diese Übung einige Male, bis Sie sie ganz beherrschen.

2. Trainingsprogramm

Minderung von Erwartungsangst durch Entspannungstraining

Gehören Sie zu den Menschen, die unter Erwartungsängsten leiden? Verspüren Sie schon tagelang vor einem entscheidenden Ereignis Furchtgefühle – vor einem Prüfungstermin, wenn Sie sich bei einem neuen Arbeitgeber vorstellen, wenn Sie einen Vortrag halten sollen? Dann gehören Sie wahrscheinlich zu den emotional eher labilen Menschen (siehe Test 1, Seite 86). Ihr Angstpegel »schwappt« schon in relativ harmlosen Situationen so weit über, daß Sie ängstlich, unsicher und nicht mehr angemessen reagieren. Das 2. Trainingsprogramm wird Ihnen helfen, Ihre Erwartungsängste zu mindern. Dann werden Sie auch die kritischen Situationen selbst besser meistern.

Bei der Minderung von Erwartungsangst durch Entspannungstraining kommt es darauf an, das Erregungsniveau zu senken und sich in diesem Zustand gedanklich mit den angstauslösenden Reizen vertraut zu machen. Wenn das oft genug wiederholt wird, verliert die gefürchtete Situation allmählich ihre »alarmierenden« Eigenschaften.

So gehen Sie vor:

- *Sie erlernen das »große« und das Kurz-Entspannungstraining nach dem 1. Trainingsprogramm (Seite 86).*
- *Jedesmal, wenn Sie in den Tagen vor dem entscheidenden Ereignis von ängstlichen Gedanken überfallen werden, versetzen Sie sich in tiefe Muskelentspannung.*
- *Die Muskelentspannung wird manchmal durch spontan auftauchende, störende Gedanken erschwert. Üben Sie während der Entspannung die Konzentration auf eine Vorstellung, mit der Sie angenehme Erinnerungen verbinden, etwa eine schöne Landschaft.*

- *Spielen Sie als nächstes die Situation, vor der Sie sich fürchten, im Zustand der Entspannung durch. Tasten Sie sich in Ihrer Phantasie immer nur langsam an die ängstigenden Szenen heran: Beginnen Sie mit relativ neutralen Vorstellungsbildern, die Sie ohne Angstempfindungen erleben können, und steigern Sie dann schrittweise Ihre Vorstellungen.*
- *Wiederholen Sie die einzelnen Szenen immer wieder. Denken Sie daran, daß Sie am »Tag X« sicher und gelassen auftreten können, wenn Sie alle Szenen, die Ihnen jetzt noch Angst einflößen, in Ihrer Phantasie beherrschen. Denn ihre Sicherheit im Ernstfall wird erhöht, wenn Sie Ihr Verhalten schon vorweg »gebahnt« haben.*
- *Unmittelbar vor der kritischen Situation – vor »Ihrem Auftritt« – wenden Sie die Kurzentspannung an und lassen noch einmal schnell sämtliche Szenen vor Ihrem geistigen Auge erscheinen.*

Auf den folgenden Seiten finden Sie ein Fallbeispiel mit einem Stufen-Schema für einzelne Vorstellungsbilder.

Minderung von Erwartungsangst

Reinhard W. fühlt sich übergangen. Vor zwei Tagen hat er gehört, daß ein Kollege – gleiches Dienstalter, gleiche Position – zum Gruppenleiter befördert wurde. »Der kann sich halt durchsetzen...«, bemerkt lakonisch ein anderer Mitarbeiter. Reinhard W. beschließt, etwas zu unternehmen. Er vereinbart mit seinem Vorgesetzten einen Gesprächstermin. Der Tag, an dem er mit seinem Chef Gehalt und Aufstiegschancen diskutieren will, rückt immer näher. Reinhard W. ist unsicher, hat Angst.

Reinhard W. leidet unter einer Erwartungsangst. Solche antizipatorischen Ängste und Furchtreaktionen können jedoch unter Einsatz des Entspannungstrainings gemindert oder ganz beseitigt werden. Dazu ein Beispiel für einen Stufenplan:

Stufe 1

Sie möchten mehr Geld verdienen. In fünf Tagen werden Sie mit Ihrem Chef die Gehaltserhöhung diskutieren. Immer, wenn Sie an den Gesprächstermin denken, verspüren Sie Angst. – Entspannen Sie sich. Denken Sie in diesem Zustand an ein angstneutrales Bild, das aber mit der gefürchteten Situation in Zusammenhang steht.

Reinhard W. hat Feierabend. Er fühlt sich entspannt und ausgeglichen. – In diesem Zustand der Ruhe stellt er sich das lachende Gesicht seines Vorgesetzten vor, als dieser gerade in aufgelockerter Runde einen Witz erzählt. Die gute Laune seines Chefs, an die er jetzt denkt, erweckt in ihm keinerlei Furchtgefühle.

Stufe 2

Sie stellen sich jetzt eine Situation aus der Vergangenheit vor, mit der Sie angenehme Erinnerungen an Ihren Chef verbinden.

Reinhard W. denkt an eine gemeinsame Dienstfahrt vor einem halben Jahr, bei der sein Chef und er zu einem Kongreß ins Ausland fuhren. Der Chef hatte ihn während dieser Reise wegen seiner Erfolge gelobt.

Minderung von Erwartungsangst

Stufe 3

Sie haben jetzt bereits die Situationen der Stufen 1 und 2 in Ihren Vorstellungen durchgespielt – frei von Angst. Gehen Sie nun in Ihrem Stufenprogramm etwas weiter: Konzentrieren Sie Ihre Gedanken auf eine angstneutrale Situation, in der Sie selbst auch handeln.

Reinhard W. trifft seinen Chef in der Kantine. Beim gemeinsamen Mittagessen – so stellt er es sich vor – spricht er seinen Vorgesetzten auf dessen Familie an. Man kommt in eine zwanglose Plauderei über Erziehungsfragen.

Stufe 4

In zwei Tagen werden Sie Ihrem Chef gegenübersitzen. Spielen Sie heute in Ihrer Phantasie ein Sachgespräch durch, das Sie mit ihm über notwendige organisatorische Umstellungen führen. Vergessen Sie auch nicht, Kritik zu üben; Widersprechen ist gar nicht so schwierig!

»Ich werde ihm ganz ruhig sagen, daß ich seine Neuorganisation unserer Abteilung in vielen Punkten für verfehlt halte«, denkt Reinhard W. »Auch wenn er unsachlich reagiert, werde ich die Ruhe behalten und ihm meine Argumente gelassen auf den Tisch legen!«

Stufe 5

Morgen um 11.00 Uhr erwartet Sie Ihr Chef. Denken Sie noch einmal an Ihre Argumente, mit denen Sie Ihre Gehaltsforderung begründen werden. Denken Sie auch daran, daß Sie durchaus berechtigte Forderungen stellen werden, und stellen Sie sich vor, wie sicher und selbstbewußt Sie dem Chef gegenüber auftreten werden!

»Es ist sicherlich nicht unangemessen, wenn ich jetzt eine höhere Gehaltsstufe fordere. Ich habe immer versucht, besondere Leistungen zu bringen. Und mit dem neuen Forschungsprojekt werde ich auch mehr Verantwortung übernehmen!« Reinhard W. ist überzeugt, daß sein Chef die Gehaltserhöhung genehmigen wird.

3. Trainingsprogramm

Verhinderung einer Phobie nach einem Angsterlebnis

Der Badeunfall im Schwimmbad verlief gerade noch glimpflich. Petra C. hatte Wasser geschluckt, glaubte, ersticken zu müssen, war dann ohnmächtig geworden und kurz untergegangen. Doch sie konnte vor dem Ertrinken gerettet werden. Der Schock war bald überwunden. Daß sie in diesem Sommer nicht mehr zum Baden ging, war für sie selbstverständlich – und half ihr, das schreckliche Erlebnis bald zu vergessen.

Einige Wochen nach dem Ereignis geht Petra C. in das Archiv ihrer Firma, um einige Akten zu suchen. Der dunkle Kellerraum mit den engen Regalreihen löst plötzlich Unbehagen in ihr aus; sie hat das Gefühl, keine Luft mehr zu bekommen, ihr Herz schlägt rasend. Sie kann sich diese Angst nicht erklären; am nächsten Tag schon empfindet sie ihre Furcht als lächerlich. Doch plötzlich ist eine Abneigung gegen kleine Zimmer und dunkle Räume entstanden, die sich immer mehr ausbreitet. Fahrstühle haben ihr sonst nie etwas ausgemacht, doch jetzt verspürt sie das beklemmende Gefühl, eingeschlossen zu sein und ersticken zu müssen. Panische Angst macht es ihr unmöglich, daheim in den Keller zu steigen. Und – sie geht nie mehr schwimmen.

Petra C. hat einen Fehler gemacht: Es war ihr zwar gelungen, die furchtauslösenden Gedanken an ihren Badeunfall zu verdrängen, doch das schreckliche, angsterregende Gefühl der Enge, des Eingeschlossenseins und des Erstickenmüssens wurde immer intensiver und befiel sie immer häufiger. Durch ihr Vermeidungsverhalten hatte sie sich die Chance genommen, die Entwicklung einer Phobie zu verhindern.

Sie wissen aus Kapitel 5 (Seite 30): Je intensiver die Angsterregung ist, die ein natürlicher Angstreiz in uns hervorruft, desto leichter kommt es zu einer Konditionierung – und möglicherweise zu einer Phobie. Bis jedoch die Verbindung zwischen den konditionierten Reizen und der Furchtreaktion gefestigt ist – gleichsam in unser »Langzeitgedächtnis« übernommen wird –, vergeht Zeit. Es ist deshalb typisch, daß sich unmittelbar nach der eigentlichen Konditionierungssituation noch keine Phobie zeigt. Sie entsteht erst nach einigen Tagen, Wochen oder Monaten.

In dieser Zeitspanne liegt jedoch unsere Chance: Wenn wir gleich nach dem »traumatischen« Ereignis mit den neutralen Reizen der Angstsituation neue Erfahrungen machen, verhindern wir, daß sich eine Phobie »einprägt«.

Vielleicht glauben Sie, daß sich eine Flugzeugbesatzung nach einer glücklich verlaufenen Bruchlandung erst einmal einen Sonderurlaub verdient hat? Erfahrene Flieger wissen, daß sie nach einer überwundenen ernsthaften Schwierigkeit sofort wieder »aufsteigen« müssen. Nur so – wenn sie sich sofort wieder ins Cockpit wagen – können

Piloten verhindern, daß sie Angst vor dem Fliegen bekommen.

Hinter dieser Praxis steht ein sehr vernünftiges Verhaltensprinzip, mit dem wir die Entstehung von Phobien verhindern können.

Wir alle kommen gelegentlich in Situationen, in denen wir – durch natürliche Angstreize ausgelöst – starke Furcht oder geradezu einen Angst-Schock erleben. Wenn Sie zum Beispiel mit knapper Not einem schweren Verkehrsunfall entkommen sind und für Sekundenbruchteile in Todesangst schwebten, kann Ihre Furchtreaktion später nach dem Konditionierungsprinzip in Verbindung mit neutralen situativen Reizen auftreten – mit markanten Merkmalen des Unfallorts, mit der Innenausstattung Ihres Wagens usw. Welche Reize im Einzelfall zu konditionierten Angstauslösern werden, darüber entscheidet unter anderem, für welche Kategorie von Reizen Sie besonders »sensibel« sind (siehe Seite 37).

Nach einiger Zeit hat sich diese Reiz-Reaktionsverbindung »gefestigt«; wenn Sie erneut an der Unfallstelle vorbeifahren oder auch, wenn Sie sich nur ans Steuer setzen, reagieren Sie mit starkem Unbehagen – schließlich sogar mit Angst.

Dem können Sie mit folgendem Kurzprogramm vorbeugen:

Schritt 1

Je stärker die Angstreaktionen ausfallen und je länger sie andauern, desto leichter kommt es zu einer Angstkonditionierung. Sorgen Sie also dafür, daß nach dem traumatischen Erlebnis Ihre Angstemotionen und die kör-

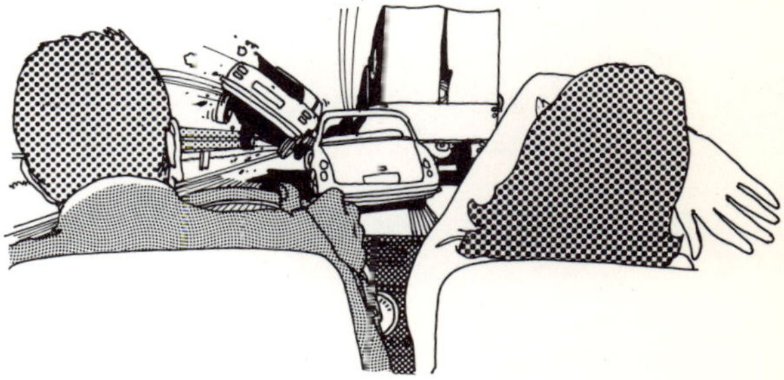

perlichen Begleitreaktionen so schnell wie möglich abklingen. Das erreichen Sie am besten mit einer völligen Muskelentspannung. Sie sollten vorsorglich das Entspannungstraining nach dem 1. Trainingsprogramm (Seite 86) erlernen, damit Sie sich sofort nach einem Schock in Kurz-Entspannung versetzen können.

Schritt 2

Verhindern Sie, daß bestimmte, in der traumatischen Situation anwesende neutrale Reize zu konditionierten Angstauslösern werden können. Bevor eine eventuelle Konditionierung in Ihr »Langzeitgedächtnis« übergehen kann, müssen Sie dafür sorgen, daß Sie mit der Situation oder ihren einzelnen Reizen neue – neutrale oder positive – Erfahrungen machen. So sehr es Ihnen widerstreben mag: Fahren Sie zum Beispiel nach einem Unfall so bald wie möglich wieder Auto – und am besten mehrmals an der Unfallstelle vorbei. Vor allem müssen Sie ganz bewußt jene Reize der Situation wieder aufsuchen, für die Sie sensibel sind. Welche Reize das bei Ihnen sein können, erfahren Sie durch Test 3 (Seite 70).

4. Trainingsprogramm

Überwindung einer Phobie durch systematisches, wohldosiertes Aufsuchen

Eine »Roßkur« gegen Höhenphobie haben wir am Beispiel des jungen Goethe (Seite 50) kennengelernt: das »gegenphobische Verhalten« durch forciertes Aufsuchen. Diese Methode – sich dem furchterregenden Reiz so lange auszusetzen, bis die Angstemotionen erschöpft sind – fordert ein so großes Maß an Überwindung, wie es nur die wenigsten aufbringen können. Zudem ist das forcierte Aufsuchen der angstauslösenden Situation auch gefährlich: Die Phobie kann dadurch verschlimmert werden.

Dennoch steckt in dieser rauhen Methode ein wichtiges Prinzip: Das bewußte Aufsuchen der Angstreize kann sinnvoll sein. Denn nur so kann eine Gewöhnung eintreten oder die konditionierte Angstreaktion gelöscht werden.

Sie wissen aus Kapitel 5 (Seite 35): Wenn ein konditionierter Angstreiz häufiger erlebt wird, ohne daß gleichzeitig der natürliche Angstreiz auftritt, dann wird die Konditionierung nicht wieder aufgefrischt, sondern gelöscht. Wollen wir eine Phobie überwinden, müssen wir die furchterweckende Situation wiederholt aufsuchen – aber nicht forciert, sondern »wohldosiert«, nach einem gut geplanten System. Voraussetzung für ein Gelingen ist jedoch auch beim wohldosierten Aufsuchen, daß wir in der angstauslösenden Situation so lange ausharren, bis wir angstfrei sind. Denn verfrühtes Abbrechen dieser Selbstbehandlung verstärkt die Angstgefühle.

Nun sind aber bei einer Phobie die meisten Angstreize so stark angsterregend, daß die Begegnung mit dem Angstreiz nicht lange genug durchgestanden wird. Verhaltenstherapeuten haben deshalb vorgeschlagen, die Angstsituationen gleichsam in kleine, »leichtverdauliche Portionen« zu zerlegen. Diese »portionierten«, wohldosierten Angstreize sind dann – jeder für sich – leichter zu ertragen als eine große »Angstportion« auf einmal, wie sie zum Beispiel Goethe zu bewältigen hatte, als er sich zwang, auf den Münsterturm zu steigen.

Es versteht sich von selbst, daß man mit dem Aufsuchen der schwächsten Angstreize beginnt und sich nur allmählich an immer stärkere heranwagt.

Können wir überhaupt eine Fahrstuhl-Angst oder eine Höhen-Angst in kleine Portionen zerlegen? Ja, denn um jedes Angstobjekt gruppieren sich mehrere ähnliche Angstreize. Sie sind im Laufe der »Reifung« der Phobie durch den Mechanismus der Generalisierung entstanden. Der kleine Albert, der ursprünglich nur vor einer bestimmten weißen Ratte Furcht verspürte, hatte schließlich Angst vor allen weißen Ratten, vor allen Felltieren, sogar vor Pelzen. Je geringer die Ähnlichkeit eines Angstreizes mit dem ursprünglichen konditionierten Angstreiz ist, desto schwächer fällt die phobische Reaktion aus – natürlich auch, je weiter wir von diesem Reiz entfernt sind.

Die Grundprinzipien der Überwindung einer Phobie durch systematisches, wohldosiertes Aufsuchen werden wir Ihnen nun an den Beispielen einer Höhenphobie und einer Straßenbahn-Phobie verdeutlichen. Sie sind dann in der Lage, auch gegen andere Phobien und Ängste vorzugehen, wenn Sie die einzelnen Trainingsschritte nach diesen Musterfällen nachvollziehen.

1. Trainingsschritt

Ermittlung Ihrer persönlichen »aversiven Reaktion«

Viele Menschen haben ihr persönliches »autonomes Reaktionsstereotyp« (Kapitel 3, Seite 21): Gewisse Organe oder Organsysteme reagieren im Zustand des Unbehagens oder der Angst besonders heftig. Vielleicht kennen Sie Ihre »aversive Reaktion« bereits; vielleicht wissen Sie, ob Sie eher mit einem Ziehen in der Magengrube, mit einem »Kloß im Hals«, mit Schwindelgefühl, kaltem Schweiß auf der Stirn, »weichen Knien« oder mit Herzklopfen reagieren. Wenn nicht: Bei der Ermittlung Ihres autonomen Reaktionsstereotyps hilft Ihnen Test 2 auf Seite 64.

Sie können Ihre »aversive Reaktion« auch so herausfinden: Stellen Sie sich eine angsterregende Szene vor, und registrieren Sie die körperlichen Empfindungen, die dabei auftreten. Achten Sie bei dem folgenden Trainingsprogramm immer sehr genau auf Ihre »aversive Reaktion«.

2. Trainingsschritt

Aufstellung des systematischen Trainingsplans

Nehmen Sie bitte Papier und Bleistift, und zerlegen Sie ihre Angstsituation in »leichtverdauliche« Portionen. Wichtig ist die richtige »Dosierung« der Angstportionen: Sie müssen nach dem Stärkegrad der Furcht, die sie auslösen, geordnet werden.

Bei einer Höhenphobie zum Beispiel ist diese Abstufung relativ einfach: Die Angstreaktion fällt um so stärker aus, je höher man sich über dem Erdboden befindet und je mehr man sich dem »Abgrund« (Geländer, Fensterbank oder Brüstung eines Balkons) nähert, beziehungsweise je steiler der Blickwinkel in die Tiefe ist.

Modell eines systematischen Trainingsplans zur Überwindung einer Höhenphobie

Suchen Sie sich ein geeignetes Haus mit mindestens zehn Stockwerken aus. Machen Sie nach folgendem Stufenplan den ersten Stock »angstfrei«:

Stufe 1

Steigen Sie zu Fuß hinauf.

Stufe 2

Nähern Sie sich einem Fenster, und betrachten Sie den Fensterrahmen.

Stufe 3

Werfen Sie einen horizontalen Blick auf gegenüberliegende Gebäude oder Gegenstände.

Stufe 4

Betrachten Sie gegenüberliegende Objekte mehrere Minuten lang.

Stufe 5

Werfen Sie bei geschlossenem Fenster einen Blick schräg hinunter vor das Gebäude.

Stufe 6

Blicken Sie mehrere Minuten lang schräg hinaus vor das Haus.

Stufe 7

Blicken Sie bei geschlossenem Fenster möglichst senkrecht hinunter.

Stufe 8

Wiederholen Sie Stufe 7, blicken Sie aber mehrere Minuten lang hinab.

Stufe 9

Öffnen Sie das Fenster, wiederholen Sie die Stufen 3 bis 8.

Wiederholen Sie diese neun Stufen Stockwerk für Stockwerk.

3. Trainingsschritt

Das »systematische Aufsuchen«

Sie haben jetzt den systematischen Trainingsplan aufgestellt. Für das eigentliche Training suchen Sie sich am besten Ihren Urlaub oder eine Zeit aus, in der Sie möglichst frei von starker beruflicher oder persönlicher Belastung sind.

Sie starten mit Stufe 1 Ihres Trainingsplans. Sie warten ab, ob sich Ihre »aversive Reaktion« einstellt. Bleibt sie aus, dann können Sie zu Stufe 2 übergehen.

Verspüren Sie jedoch schon bei Stufe 1 Ihre aversive Reaktion, dann wiederholen Sie sie so oft, bis Ihr Unbehagen völlig verschwunden ist. Erst wenn Sie die betreffende Stufe mindestens fünfmal ohne aversive Reaktion durchgestanden haben, dürfen Sie eine Stufe weitergehen – allerdings nicht mehr am selben Tag! Erst am nächsten Tag beginnen Sie wieder mit der am Vortag angstfrei gemachten Stufe. Wenn Sie sie auch dann noch ohne aversive Reaktion bewältigen, können Sie eine Stufe weitergehen.

Stellen Sie auf irgendeiner Stufe fest, daß Ihre aversive Reaktion nicht verschwindet – oder treten sogar stärkere Angstreaktionen auf –, dann ist der Schritt von der einen Stufe zur nächsten zu groß für Sie. Gehen Sie vorerst zur letzten angstfrei gemachten Stufe zurück. Wenn Sie diese Stufe angstfrei bewältigt haben, müssen Sie eine Zwischenstufe einschalten. Blicken Sie zum Beispiel in weniger steilem Winkel aus dem Fenster hinaus, oder harren Sie auf der vorhergehenden Stufe etwas länger aus.

Eine Grundregel müssen Sie unbedingt immer einhalten: Brechen Sie das Training niemals auf einer Stufe ab, auf der Ihre aversive Reaktion immer noch eintritt. Können Sie an einem Tag eine bestimmte Trainingsstufe nicht angstfrei machen, dann kehren Sie zur vorhergehenden angstfreien Stufe zurück, und halten Sie dort wiederholt einige Minuten lang aus. Am nächsten Tag wird sich der Erfolg dann sicherlich einstellen!

Trainieren Sie täglich nicht mehr als eine halbe oder eine ganze Stunde. Legen Sie immer wieder Entspannungspausen ein. Und »belohnen« Sie sich selbst nach einer erfolgreich abgeschlossenen Trainingsstunde, gehen Sie ins Kino, oder treffen Sie sich mit Freunden zu einer gemütlichen Runde!

Übrigens: Widerstehen Sie von nun an der Versuchung eines bequemen Fahrstuhls! Machen Sie es sich zur Regel, Stockwerk für Stockwerk zu Fuß zu besteigen. Blicken Sie zwischendurch stets aus dem Fenster. So gewöhnen Sie sich schrittweise an die Höhe.

4. Trainingsschritt

Wiederholung und Vertiefung

Haben Sie es geschafft? Können Sie ohne Angst im zehnten Stockwerk eines Hochhauses aus dem Fenster sehen? Ja? Dann machen Sie weiter!

Suchen Sie sich Aussichtstürme und Kirchtürme in Ihrer Umgebung aus. Klettern Sie unverzagt hinauf, und nähern Sie sich nach einem Stufenplan der Brüstung:

Blicken Sie erst einmal horizontal in die Ferne. Schauen Sie dann schräg nach unten. In der letzten Stufe blicken Sie schließlich direkt an der Außenmauer hinab nach unten auf die Erde.

Und im Urlaub versuchen Sie, möglichst oft an Berghängen, Flußböschungen oder von Brücken hinunterzuschauen. Wenden Sie nicht mehr wie früher den Blick sofort ab!

Überwindung einer Straßenbahn-Phobie

Viele Menschen haben Angst vor dem Eingeschlossensein in engen Räumen, in Fahrstühlen, in öffentlichen Verkehrsmitteln. Wie kann nun zum Beispiel eine Straßenbahn-Phobie entstehen?

Sie befinden sich in einem überfüllten Straßenbahnwagen. Es ist sehr heiß, die Luft ist stickig. Die Straßenbahn gerät in eine Verkehrsstauung. Während des Wartens, bei geschlossenen Türen und schlechter Durchlüftung überkommt Sie plötzlich Übelkeit. Sie möchten aussteigen, haben jedoch keine Möglichkeit dazu. Ihre plötzliche vermeintliche Hilflosigkeit erzeugt heftige Angstgefühle, Ihr Herz schlägt rasend.

Sie werden feststellen, daß Sie seit Ihrer ersten unangenehmen Erfahrung nicht mehr ohne Angstgefühle in eine Bahn oder einen Bus steigen können. Sie gehen lieber weite Strecken zu Fuß und vermeiden es unter allen Umständen, mit der Straßenbahn zu fahren. Möglicherweise fühlen Sie sich bald auch im Auto – wenn Sie in einen Verkehrsstau geraten und nicht jederzeit anhalten können – nicht mehr wohl.

Wenn Sie dann immer häufiger versuchen, Ihrer Angst durch Vermeidungsverhalten zu entrinnen, haben Sie keine Chance, Ihre Furchtreaktionen zu überwinden. Zwingen Sie sich, in eine Straßenbahn einzusteigen, dann kommen Sie völlig erschöpft und von Angst gequält aus dem Waggon heraus und werden über kurz oder lang entmutigt aufgeben.

Versuchen Sie deshalb, Ihre Phobie mit Hilfe eines systematischen Trainingsplans nach den auf Seite 98 bis 101 geschilderten Prinzipien zu überwinden.

So könnte Ihr Stufenplan aufgeteilt sein:

Stufe 1

Sie gehen die Strecke zwischen zwei Haltestellen zu Fuß. So lernen Sie den Weg genau kennen.

Stufe 2

Sie beobachten einige Straßenbahnzüge, die an Ihnen vorbeifahren.

Stufe 3

Sie suchen sich einen leeren Straßenbahnwagen aus und fahren eine Haltestelle weit die Ihnen bereits vertraute Strecke entlang. Stellen Sie sich direkt an die Tür, möglichst in einer der alten Straßenbahnen, die noch mit offenen Türen fahren.

Stufe 4

Fahren Sie mit einem anderen leeren Wagen zwei Streckenabschnitte. Bleiben Sie an der Tür stehen.

Stufe 5

Versuchen Sie jetzt, drei und später vier Strecken lang im Wagen auszuhalten. Bei Angstgefühlen steigen Sie früher aus und fahren dieselbe Strecke noch einmal.

Brechen Sie Ihr Training niemals mit Angst ab! Beenden Sie erst dann einen Trainingstag, wenn Sie eine Stufe tatsächlich angstfrei bewältigt haben.

Wenn Sie sich nach diesen Übungsschritten schon etwas sicherer fühlen, können Sie zu den nächsten Stufen übergehen. Sind Sie jedoch noch nicht ganz frei von Furchtgefühlen, wiederholen Sie die Stufen 1 bis 5 so oft, bis Sie sich völlig sicher fühlen.

Trainieren Sie nun die Stufen 6 bis 8 in einem Wagen, der mit nur wenigen Menschen besetzt ist. Die Gänge zur Tür müssen jedoch frei sein.

Stufe 6
Fahren Sie einen Strecken-Abschnitt lang stehend im Innern eines Wagens, der mit nur wenigen Menschen besetzt ist.

Stufe 7
Fahren Sie in einem mit wenigen Menschen besetzten Wagen zwei Haltestellen weit.

Stufe 8
Fahren Sie in einem solchen Wagen drei, vier und fünf Haltestellen.

Wiederholen Sie diese Stufen in einem etwas volleren Wagen. Fahren Sie schließlich in einem vollbesetzten Wagen, in dem bereits einige Personen stehen müssen. Sehen Sie aber zu, daß Sie unmittelbar neben der Tür noch einen Stehplatz finden.

Haben Sie diese Trainingsstufen bereits ohne Angstgefühle bewältigt? Dann setzen Sie das Training fort:

Fahren Sie nur noch zu den Hauptverkehrszeiten, und suchen Sie sich einen Stehplatz zwischen anderen Fahrgästen im Wageninnern. Fahren Sie zuerst wiederum nur eine, dann zwei, dann drei, vier und fünf Haltestellen weit.

Versuchen Sie, dabei aufkommende Unruhe oder leichte Furchtgefühle durch Kurz-Entspannung oder intensive Ablenkung zu beseitigen: Zählen Sie die Geschäfte, an denen Sie vorbeifahren, achten Sie auf bestimmte Auto-Typen, oder denken Sie an ein nettes Erlebnis!

Können Sie inzwischen begrenzte Strekken, die Sie von vornherein festgelegt haben, ohne Angst fahren? Dann nehmen Sie sich Zielpunkte vor, die Sie noch nicht kennen.

Gehen Sie schließlich noch einen Schritt weiter: Suchen Sie sich eine Strecke aus, die erfahrungsgemäß in der Hauptverkehrszeit längere Stockungen mit sich bringt. Üben Sie sich darin, es auch in einem eingekeilten Wagen auszuhalten!

Wenn Sie zuvor auch in anderen Verkehrsmitteln Schwierigkeiten hatten, werden Sie nun ohne direkte Übung eine Besserung feststellen. Wenn nicht: Stellen Sie ein entsprechendes Trainingsprogramm für Autobus oder Vorortbahn auf.

5. Trainingsprogramm

Überwindung einer Phobie durch Gegenkonditionieren

Das unmittelbare Aufsuchen der furchtauslösenden Situation oder die Begegnung mit dem Angstobjekt ist – ob forciert oder »wohldosiert« – in vielen Fällen nicht möglich.

Oftmals fürchten wir uns auch vor Situationen – besonders in Fällen von Erwartungsangst –, die sich gar nicht echt genug herbeiführen lassen.

Einer der Pioniere der Verhaltenstherapie, der südafrikanische Psychologe Joseph Wolpe, machte die entscheidende Entdekkung:

Man muß dem angstauslösenden Reiz gar nicht unbedingt in der Realität gegenübertreten, um durch Gewöhnung allmählich angstfrei zu werden. Es genügt schon, wenn man sich den Reiz in der Phantasie lebhaft genug vorstellt. Voraussetzung ist aber, daß man sich dabei im Zustand der Entspannung befindet.

Der Erfolg dieses Trainingsprogramms beruht auf dem Prinzip der »reziproken Hemmung« (Kapitel 8, Seite 53): Wird eine mit der Angstreaktion unvereinbare Reaktion provoziert, so hemmt die stärkere dieser beiden Reaktionen die schwächere. Zu solchen mit Angst unvereinbaren Reaktionen gehört vor allem die tiefe Muskelentspannung.

Will man zur Behandlung von irrationalen Ängsten das Prinzip der »reziproken Hemmung« einsetzen, so muß der Angstreiz wiederum in »Portionen« zerlegt werden. Wenn wir nun im Zustand der Entspannung nur mit einer kleinen Portion »Angst« konfrontiert werden – wenn der Angstreiz also so schwach ist, daß die Entspannungsreaktion überwiegt –, dann wird auch unsere Angstreaktion gehemmt. Dieses Vorgehen nennt die Verhaltenstherapie auch »Gegenkonditionieren«.

Wie Sie aus Kapitel 5 wissen, entsteht eine Phobie in der Regel durch einen Konditionierungs-Prozeß. Ein ursprünglich neutraler Reiz tritt zufällig zusammen mit einem natürlichen, unbedingten Angstreiz auf, der eine natürliche, unbedingte Angstreaktion hervorruft. Fällt diese Angstreaktion besonders heftig aus oder tritt die Koppelung von neutralem Reiz und natürlichem Angstreiz häufiger auf, dann kann der neutrale Reiz zum konditionierten Angstreiz, zum Auslöser einer – nun konditionierten – Angstreaktion werden.

Wenn wir eine so entstandene Phobie wieder abbauen wollen, müssen wir also tatsächlich »umlernen«: Beim Gegenkonditionieren wird der konditionierte Angstreiz wiederholt immer dann geboten, wenn sich der Körper gerade im Zustand der Entspannung befindet. So wird dieser Angstreiz allmählich – das ist der neue Konditionierungs-Prozeß – zum konditionierten Auslöser für eine nun konditionierte Entspannungsreaktion.

Wir gehen mit diesem Trainingsprogramm also noch einen Schritt weiter als bisher und schieben der Angst gleichsam einen »doppelten Riegel« vor: Der konditionierte Angstreiz wird nicht nur »gelöscht« und damit wieder zum neutralen Reiz (siehe Seite 35). Er wird darüber hinaus zum Auslöser für eine angenehm empfundende Entspannungsreaktion, die ja mit Angst unvereinbar ist. Flugangst zum Beispiel hätten Sie dann nicht nur überwunden – Ihnen würde das »Jetten« sogar einen Riesenspaß machen!

1. Trainingsschritt

Erlernen der Entspannungstechnik

Bevor Sie mit diesem Trainingsprogramm beginnen, müssen Sie das »große« Entspannungstraining beherrschen (1. Trainingsprogramm, Seite 86).

2. Trainingsschritt

Üben der Vorstellungskraft

Da wir uns den Angstreizen nur in der Vorstellung aussetzen wollen, müssen wir zunächst unsere Vorstellungskraft üben.

Dazu folgender Trainingsplan:

Stufe 1

Im Zustand der völligen Muskelentspannung denken Sie an ein Bild mit angenehmem Inhalt – zum Beispiel eine Urlaubslandschaft, in der Sie sich ausgesprochen wohlgefühlt haben. Halten Sie dieses Vorstellungsbild einige Minuten lang, und stellen Sie sich alle Details möglichst plastisch vor.

Stufe 2

Stellen Sie sich nun eine gefühlsneutrale Szene vor: zum Beispiel Haus- oder Gartenarbeit (Sie hantieren mit dem Staubsauger oder schneiden eine Hecke usw.).

Stufe 3

Blenden Sie diese Szene wieder aus, und lassen Sie das Vorstellungsbild aus Stufe 1 wieder entstehen. Wechseln Sie nach etwa einer Minute wieder zu Bild 2. Geben Sie sich Befehle! Sagen Sie »Stop« oder »Start«, wenn Sie das eine Bild durch das andere ersetzen wollen.

Stufe 4

Üben Sie eine Woche lang täglich den Wechsel zwischen diesen beiden Vorstellungsbildern.

Stufe 5

Erweitern Sie Ihr Übungsprogramm durch andere Vorstellungsbilder. Sie haben Ihr Trainingsziel erreicht, wenn Sie im Zustand der Entspannung innerhalb weniger Sekunden auf einen selbst gegebenen Befehl hin jedes beliebige Bild in Ihrer Vorstellung auftauchen und – noch wichtiger – auf Befehl sofort wieder verschwinden lassen können.

3. Trainingsschritt

Aufstellen eines Trainingsplans

Ermitteln Sie nun Ihre persönliche »aversive Reaktion«. Gehen Sie dabei vor wie im 4. Trainingsprogramm (Seite 99).

Erst jetzt erarbeiten Sie Ihren eigentlichen Trainingsplan. Sie müssen dabei noch differenzierter vorgehen als beim 4. Trainingsprogramm, denn die einzelnen Angstreize müssen sehr genau nach ihrem Stärkegrad geordnet sein. Es genügt nicht, wie zum Beispiel bei der Behandlung einer Höhenphobie, einen »logisch« erscheinenden Stufenplan aufzustellen, da die »Angstwerte« phobischer Reize individuell ganz verschieden sind.

Stufe 1

Machen Sie eine vollständige Liste all dessen, wovor Sie im Zusammenhang mit Ihrer Phobie Angst haben. Lassen Sie sich Zeit und denken Sie an alle Objekte, Situationen und Teilaspekte, die im Umfeld der einzelnen Angstreize liegen.

Stufe 2

»Messen« Sie den Angstwert dieser einzelnen Objekte und Situationen an einem »Angst-Thermometer«: Gehen Sie Ihre Angstreiz-Liste durch, und suchen Sie den Reiz, der Ihnen die stärkste, eine »siedendheiße« Angst einflößt. Er bekommt den Wert »100°«. Dann suchen Sie einen Reiz, der Sie völlig »kalt« läßt. Er bekommt den Angstwert »0°«. Daraufhin geben Sie jedem einzelnen Reiz auf Ihrer Liste den ihm zukommenden Angstwert.

Stufe 3

Legen Sie nun eine Angstreiz-Hierarchie in Karteiform an: Sie nehmen kleine Zettel oder Karteikarten. Links oben schreiben Sie groß die »Angst-Temperatur« auf, darunter die jeweilige Angstsituation. Jeder Angstreiz bekommt also eine eigene Karteikarte. Lassen Sie rechts einen etwa 4 cm breiten Rand für Eintragungen frei. Ordnen Sie nun Ihre Kartei nach zunehmendem Angstwert. Für jede Spanne von 10° (also von 0° bis 10°, von 10° bis 20° usw.) sollte mindestens eine Karte vorhanden sein.

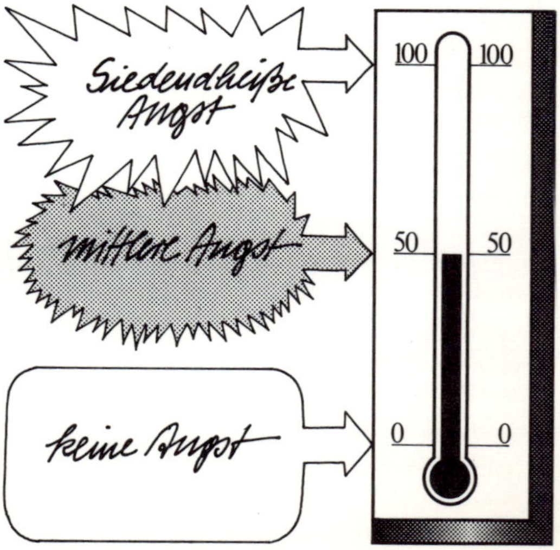

4. Trainingsschritt

Das Gegenkonditionieren

Suchen Sie sich einen Ort aus, an dem Sie sich mit Sicherheit eine Stunde ungestört aufhalten können. Gehen Sie dann nach folgendem Schema vor:

Stufe 1

Sie nehmen die erste Karteikarte mit dem vorgemerkten schwächsten Angstreiz.

Stufe 2

Sie versetzen sich in Entspannung.

Stufe 3

Sie stellen sich den Angstreiz, den Sie auf der Karteikarte notiert haben, intensiv vor.

Stufe 4

Stellt sich Ihre aversive Reaktion ein? Dann halten Sie die Vorstellung etwa eine halbe Minute lang, bis Sie sich daran gewöhnt haben.

Stufe 5

»Stop!« Blenden Sie die Vorstellung wieder aus.

Stufe 6

Wiederholen Sie die Stufen 2 bis 5 so oft, bis Sie bei dem betreffenden Vorstellungsbild völlige Ruhe empfinden. Dann blenden Sie diese Vorstellung zur Sicherheit noch fünfmal ein.

Stufe 7

Tragen Sie auf der Karteikarte in der rechten Spalte das Datum und die Zahl der Wiederholungen ein, die Sie benötigten, bis völlige Angstfreiheit eintrat.

Stufe 8

Nehmen Sie nun die Stufen 1 bis 7 mit jeder Karte der Reihe nach durch.

Wenn Ihre aversive Reaktion besonders intensiv ist oder Ihre Angstemotion auch nach einer halben Minute noch nicht abklingt, dann blenden Sie Ihre Vorstellung sofort aus. Entspannen Sie sich erneut tief, und wiederholen Sie die Vorstellung nach einer Pause von drei bis vier Minuten.

Tritt jetzt immer noch keine Besserung ein, dann haben Sie einen zu großen Schritt gewählt. Greifen Sie zur letzten bereits angstfrei trainierten Karte, und stellen Sie sich den betreffenden (ehemaligen) Angstreiz noch einmal vor.

Gelingt es danach wieder nicht, den nächsten Angstreiz zu ertragen, dann legen Sie bitte ein bis zwei neue Karten an, die in Ihren Angstwerten zwischen den beiden anderen Karten liegen.

Wichtig ist, daß Sie eine Übungsstunde immer mit einer angstfrei gemachten Vorstellung, also im Zustand völliger Ruhe beenden. Nie mit Angstgefühlen oder aversiven Reaktionen abbrechen!

Trainieren Sie täglich nicht länger als eine Stunde. Am folgenden Tag wiederholen Sie zuerst alle bis dahin schon angstfrei gemachten Karten. Notieren Sie auch diesmal auf jeder Karte Datum und Anzahl der Vorstellungen, die Sie bis zur völligen Angstfreiheit benötigen. So können Sie Ihre täglichen Trainingsfortschritte gut kontrollieren.

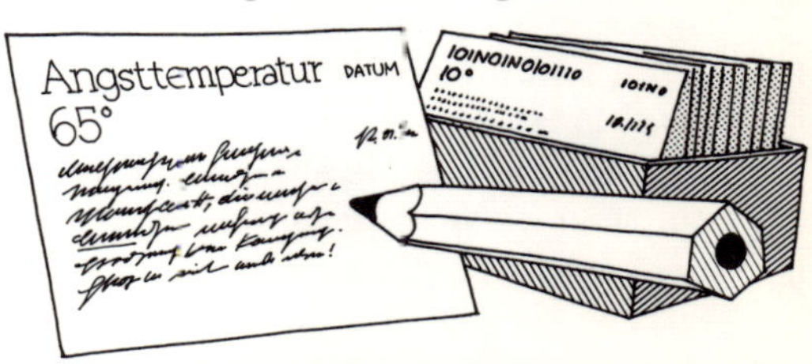

Überwindung von Prüfungsangst durch Gegenkonditionieren

Im 2. Trainingsprogramm (Seite 93) haben wir am Fallbeispiel »Reinhard W.« geschildert, wie es möglich ist, Erwartungsängste mit Hilfe verschiedener, stufenweise geordneter Vorstellungsbilder zu mindern oder zu beseitigen.

Wenn wir eine Prüfungsangst durch Gegenkonditionieren mindern oder überwinden wollen, müssen wir jedoch noch systematischer vorgehen.

Sie haben Angst vor einer Prüfung. Der Examenstermin rückt immer näher. Nutzen Sie die noch verbleibende Zeit und inspizieren Sie – wenn möglich – vorher das Gebäude, in dem die Prüfung stattfinden soll (Sie werden schon einen Vorwand finden!). So haben Sie die Gewähr, daß Ihre Vorstellungsbilder realistisch und genau ablaufen werden.

Die Stufen der unten aufgestellten Angstreiz-Hierarchie sind nur Vorschläge. Verändern Sie die Skala, und tragen Sie vor allem zusätzliche Stufen ein, wenn das angegebene Grundschema nicht ganz mit Ihren Empfindungen übereinstimmt. Wichtig auch hier: Nie mit Angst abbrechen! Nehmen Sie zum Schluß Ihres täglichen Trainingsprogramms immer ein Vorstellungsbild, das Sie im Zustand der Entspannung bereits angstfrei erleben können.

Vorschläge für Ihre Vorstellungsbilder:

Stufe 1

Sie ziehen die Kleidung an, die Sie am Tag der Prüfung tragen werden.

Stufe 2

Sie verlassen Ihre Wohnung und befinden sich auf dem Weg zur Prüfung.

Stufe 3

Sie sind vor dem Gebäude angelangt, in dem die Prüfung stattfinden wird. Sie betrachten das Haus von außen.

Stufe 4
Sie melden sich im Vorzimmer an.

Stufe 5
Sie warten auf dem Flur.

Stufe 6
Sie werden hereingebeten.

Stufe 7
Sie gehen auf die Person zu, die Sie prüfen wird.

Stufe 8
Sie sitzen vor dem Schreibtisch des Prüfers und betrachten sein Gesicht.

Stufe 9
Der Prüfer stellt Ihnen eine Frage.

Sie können den Erfolg dieses Trainingsprogramms nachträglich absichern: Wenn Sie die einzelnen Stufen mit Hilfe der Vorstellungsbilder »angstfrei« trainiert haben, üben Sie die Programmschritte so weit wie möglich auch in der Realität.

Versuchen Sie jetzt analog zum Trainingsplan »Prüfungsangst« ein Stufenprogramm zur Überwindung einer speziellen Angst oder Phobie, unter der Sie leiden, zu entwickeln. Schreiben Sie zunächst mindestens zwanzig Angstreize (Objekte und Situationen) nieder. »Messen« Sie die Intensität der damit verbundenen Angstgefühle am »Angst-Thermometer«. Ordnen Sie dann die Angstreize nach ihrem Angstwert.

Wenn Sie auch zu den Menschen gehören, die Angst vor dem Fliegen haben, dann legen Sie sich zunächst eine Angstreiz-Liste zur Überwindung von Flugangst an.

Auf der nächsten Seite haben wir einige Angstreize zum Thema Flugangst zusammengestellt. Vergleichen Sie diese Stufen mit Ihrer eigenen Angstreiz-Hierarchie.

Trainingsplan: Flugangst

Wir haben in der nachstehenden Angstreiz-Liste die einzelnen Stufen nach ihrem zeitlichen Ablauf geordnet, da die Intensität der mit jeder Situation verbundenen Angstgefühle bei jedem Menschen wieder anders ist.

Vergleichen Sie die folgenden Angstreize mit Ihrer eigenen Liste, und versehen Sie die einzelnen Situationen mit der entsprechenden Angsttemperatur. Beim Training gehen Sie dann so vor, wie wir es auf Seite 106 und 107 beschrieben haben.

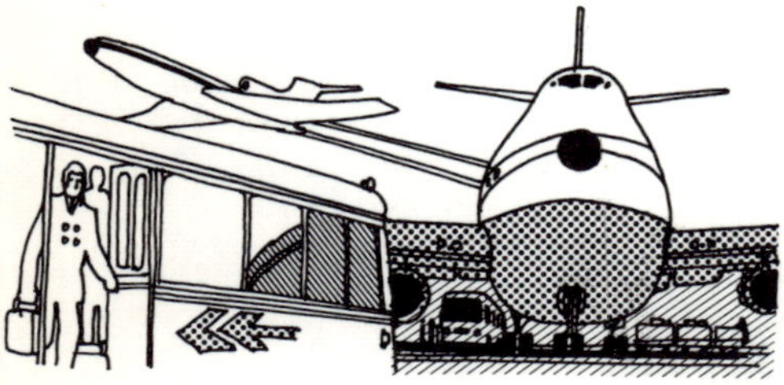

Angstreiz	**Angstwert**
1. Flugkarte buchen	....
2. Koffer packen	....
3. Zum Flughafen fahren	....
4. Zum Schalter gehen und Koffer aufgeben	....
5. Flugzeuge von außen betrachten	....
6. Sperre passieren	....
7. In den Zubringer-Bus einsteigen	....
8. Im Bus zur Warteposition des Flugzeugs fahren	....
9. Aus dem Bus aussteigen	....
10. Zum Flugzeug gehen	....
11. Die Gangway hinaufgehen	....
12. Den Sitz belegen, Mantel und Tasche verstauen	....
13. Sicherheitsgurte anlegen	....
14. Die Motoren werden gestartet	....
15. Das Flugzeug rollt zur Startposition	....
16. Die Maschine rollt an; das Motorengeräusch wird lauter	....
17. Das Flugzeug hebt ab	....
18. Der Steilflug beginnt	....
19. Kurvenflug; Sie blicken schräg nach unten aus dem Fenster	....
20. Horizontalflug; die Sitzgurte können wieder abgelegt werden, Getränke werden serviert	....
21. Der Kapitän meldet eine Schlecht-Wetter-Lage, Turbulenzen	....
22. Horizontalflug	....
23. Landeanflug, das Rauchen muß eingestellt werden	....
24. Die Maschine drosselt die Motoren	....
25. Landung	....
26. Bremsung	....
27. Das Flugzeug rollt zur Warteposition	....
28. Sie steigen aus	....

6. Trainingsprogramm

Unangemessene Angst in sozialen Situationen

Sie geben eine Party. Die meisten Gäste sind bereits nach Hause gefahren. Es ist immerhin schon 2 Uhr morgens. Nur drei Ihrer Freunde, regelrechte Nachtmenschen, harren noch aus. Sie haben morgen (heute!) einen anstrengenden Tag. Sie wünschen sich jetzt nur noch eines – schlafen!

Aber als Sie einer Ihrer Gäste fragt: »Stören wir Dich?« anworten Sie: »Ich bitte Euch, bleibt, solange es Euch Spaß macht; ich bin noch nicht müde« und holen noch eine Flasche aus dem Keller ...

Die meisten Menschen bringen in solchen oder ähnlichen Situationen nicht den Mut auf, klar und deutlich zuzugeben: »Ich bin müde und möchte jetzt schlafen!«

Dabei sind Parties noch relativ harmlos. Es gibt sehr viele Menschen, die in vielen, für sie wichtigen sozialen Situationen mit unangemessener, heftiger Angst reagieren; Menschen, die ihren eigenen Standpunkt nicht vertreten; die sich nicht wehren, wenn andere sie angreifen; die ihre wahren Gefühle unterdrücken; die ständigen Ja-Sager, die sich ängstlich nach der Meinung ihrer Umwelt richten. Wenn Sie in Test 4 (Seite 77) in die Klassen »schwache«, »sehr schwache« oder »extrem schwache Selbstbehauptung« fallen, zählen Sie wahrscheinlich auch zu diesen Menschen.

Der »gehemmte« Mensch mit hoher Sozialangst erscheint durch sein Übermaß an Selbstkontrolle nur selten aufgelockert und natürlich. Dadurch ruft er oft Abneigung hervor oder reizt dominierende, leicht aggressive Menschen zum Angriff. So provoziert er geradezu, wovor er sich fürchtet. Weil er in konkreten Lebenssituationen stets unangemessen unsicher reagiert, wird er tatsächlich unterdrückt. Sein Mißerfolg und der Ärger über sein Versagen verstärken wiederum seine Hemmungen. Von Zeit zu Zeit durchbricht er impulsiv seine selbst errichteten Barrieren. Dabei schießt er aber weit über das Ziel einer angemessenen Selbstbehauptung hinaus und bekommt um so größere soziale Schwierigkeiten.

Verhaltenstherapeuten haben für Patienten mit sehr starken Sozialängsten erfolgreiche Methoden für ein stufenweise aufgebautes Selbstbehauptungstraining entwickelt. Sie eignen sich bei leichteren Fällen von Sozialangst auch für die Selbstbehandlung.

Die psychologischen Prinzipien, auf denen diese Therapieprogramme beruhen, sind die »reziproke Hemmung« (siehe Seite 53) und die »Verstärkung«: Sie wissen, daß Muskelentspannung und Angst miteinander unvereinbare Reaktionen sind, von denen sich immer nur die jeweils stärkere durchsetzen kann. Genauso kann Angst in sozialen Situationen »reziprok« durch Selbstbehauptungsreaktionen gehemmt werden – durch ein bewußt selbstsicheres Reagieren und durch Gefühlsäußerungen, die sich mit Schüchternheit und Unsicherheit nicht vertragen. Durch die sozialen Erfolge, die sich dann einstellen, wird das selbstsichere Verhalten verstärkt und wird so allmählich zur Gewohnheit.

Die Regeln des Selbstbehauptungstrainings

Auf den nächsten Seiten finden Sie zwei Muster-Trainingspläne gegen Sozialängste. Sie können nach diesen Vorbildern eigene Trainingsprogramme aufstellen. Beachten Sie dabei aber immer folgende Grundregeln:

1 *Legen Sie eine möglichst umfassende Liste einzelner sozialer Situationen an, in denen Sie bisher Angst verspürten oder sich über Ihre mangelnde Selbstsicherheit ärgerten.*

2 *Erarbeiten Sie dann ein nach Schwierigkeitsgraden geordnetes Stufenprogramm (am besten, indem Sie – wie auf Seite 106 geschildert – eine Kartei anlegen). Auf den nächsten Seiten finden Sie Vorschläge dafür.*

3 *Legen Sie für jede einzelne Situation eine oder mehrere alternative Reaktionen fest, die einer angemessenen Selbstsicherheit entsprechen würden und mit denen Sie Ihre Angst überwinden könnten. Diskutieren Sie Ihre Vorschläge mit Ihrem Ehepartner oder einem guten Freund!*

4 *Üben Sie diese neuen Verhaltensweisen, die vorher in Ihrem Vokabular und Verhaltensrepertoire nicht vorhanden waren, zunächst in Ihrer Vorstellung. Entspannen Sie sich dabei (1. Trainingsprogramm!).*

5 *Wiederholen Sie die geplanten Verhaltensweisen – vor allem bei schwierigeren Übungsstufen – im Rollenspiel mit einem Partner (notfalls vor dem Spiegel). Reaktionen, die Sie noch nie gezeigt haben, sollten erst einmal »geprobt« werden. Das erleichtert die Anwendung in der kritischen Situation.*

6 *Legen Sie sich dabei aber nicht zu starr auf bestimmte Verhaltensweisen oder ein bestimmtes Vokabular fest; Ihre Fähigkeit, in kritischen Situationen flexibel zu reagieren, könnte sonst geschmälert werden.*

7 *Um mit ängstlichen Gefühlen im sozialen Kontakt fertigzuwerden, gewöhnen sich einige Menschen Verlegenheitsgesten an (zum Beispiel übertriebenes Räuspern, »Fummeln« an der Kleidung usw.), die meistens unbewußt ablaufen, auf die Umwelt aber einen unangenehmen Eindruck machen. Bitten Sie deshalb Ihren Partner, Ihnen immer genau zu sagen, was ihm auffällt, wenn Sie einzelne Situationen durchspielen.*

8 *Führen Sie nun bewußt die einzelnen Situationen Ihres Stufenplans herbei, und »trainieren« Sie in der Praxis. Wenn Sie nicht übermäßig forciert vorgehen, bringt Ihnen Ihr neues, angemessenes Verhalten soziale Erfolge, und das erhöht auch die Wahrscheinlichkeit, daß es Ihnen zur Gewohnheit wird – wie zuvor die übertriebenen Angstreaktionen, das befangene Schweigen, das schüchterne Nachgeben.*

9 *Konzentrieren Sie sich beim Selbstbehauptungstraining nacheinander immer nur auf eine Situation aus Ihrem Stufenplan. Sie werden feststellen: Wenn Sie erst einmal ein Problem bewältigt haben, fühlen Sie sich bereits ermutigt. Der Erfolg bestärkt Sie – und wenn es auch nur ein winziger Fortschritt ist, er hilft Ihnen schon bei der Überwindung anderer Situationen.*

Stellen Sie Forderungen an Ihre Umwelt!

Können Sie in angemessener Weise Forderungen stellen? Viele Menschen sind dazu nicht in der Lage. Sie fürchten, die Sympathie der anderen zu verlieren und Kritik, Mißbilligung oder Ablehnung zu erfahren. Die erwartete negative Reaktion löst in ihnen so viel Angst aus, daß sie ständig von Hemmungen blockiert werden und deshalb gerade das nicht tun oder aussprechen, was in der jeweiligen Situation richtig wäre.

Lernen Sie, sich zu behaupten, angemessen zu bitten und zu fordern!

Stellen Sie dazu einen Stufenplan auf. Gehen Sie nach den 9 Regeln auf Seite 112 vor. Die folgende Zusammenstellung gibt Ihnen Beispiele für einen Stufenplan. Gehen Sie die einzelnen Situationen durch, und versehen Sie sie jeweils mit ihrem »Angstwert«: Je schwerer Ihnen eine Aufgabe fällt, desto höher ist ihre »Angst-Temperatur«. Ergänzen Sie die Liste dann um mindestens 10 weitere Aufgaben, die Sie nach ihrer Schwierigkeit einstufen. (Ein Tip: Test 4 gibt Ihnen Anregungen für weitere Situationen!)

Überlegen Sie sich für jede einzelne Situation sinnvolle Worte und Verhaltensweisen. Wenn Sie die einzelnen Situationen in Vorstellung und Rollenspiel sicher gemeistert haben, führen Sie sie nacheinander so oft herbei, bis Sie angstfrei reagieren.

Stufe 1
Fahren Sie in einer überfüllten Straßenbahn. Bitten Sie einige Fahrgäste, nach vorne gelassen zu werden.

Stufe 2
Gehen Sie in ein Geschäft, und bitten Sie darum, daß man Ihnen die gekaufte Ware besonders gut einpackt.

Stufe 3
Suchen Sie eine Boutique auf, und lassen Sie sich einige Artikel vorlegen. Kündigen Sie vorher an: »Nur zur Ansicht!«

Stellen Sie Forderungen an ihre Umwelt!

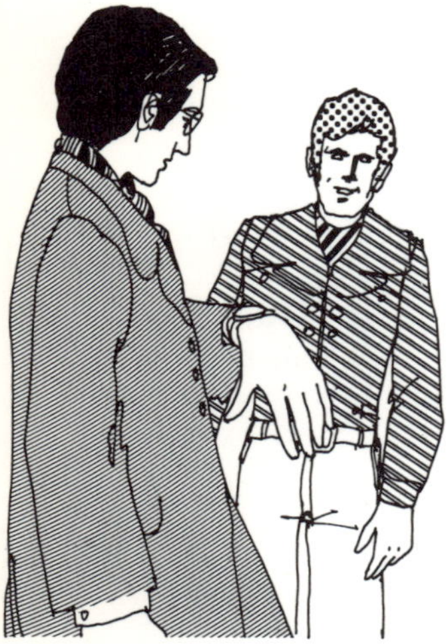

Stufe 4
Sprechen Sie fremde Menschen auf der Straße an und bitten Sie sie um verschiedene Auskünfte (Uhrzeit, Straßen, öffentliche Gebäude usw.).

Stufe 5
Lassen Sie sich in Warteschlangen vor Post-, Bank- oder Fahrkartenschaltern nicht abdrängen. Fordern Sie Personen, die sich vordrängen, auf, so lange zu warten, bis Sie bedient sind.

Stufe 6
Bitten Sie eine Person in Ihrer näheren Umgebung, die in der Regel nicht sehr gefällig ist (zum Beispiel einen Arbeitskollegen oder Nachbarn), um eine kleine Erledigung. Wenn Sie eine Absage bekommen, wiederholen Sie Ihre Bitte zu einem späteren Zeitpunkt.

Stufe 7
Lassen Sie sich an einem Stand im Warenhaus verschiedene Artikel vorlegen. Kündigen Sie vorher *nicht* an: »Nur zur Ansicht«. Gehen Sie dann mit Dank zur nächsten Abteilung weiter, ohne etwas gekauft zu haben.

Lernen Sie, sich zu wehren!

Lernen Sie, selbstbewußter aufzutreten! Sagen Sie tatsächlich »Ja«, wenn Sie zustimmen wollen – und wenn Sie ablehnen wollen: »Nein«.

Lernen Sie, Kritik zu üben und Ihre Gefühle spontan auszudrücken. Vor allem: Wehren Sie sich, wenn andere sich Ihnen gegenüber unangemessen verhalten!

Auch hierfür haben wir ein Stufenprogramm aufgestellt, ergänzt durch einige Vorschläge, wie Sie in den einzelnen Situationen reagieren sollten. Suchen Sie selbst nach Möglichkeiten, Ihr Repertoire an »selbstbehauptenden« Reaktionen zu erweitern.

Stufe 1

Lassen Sie sich im Gedränge nicht mehr – wie bisher – beiseite schieben:

Reagieren Sie mit: »Bitte drängeln Sie nicht so!«

Stufe 2

Lassen Sie in Ihrem Restaurant ruhig einmal das Essen zurückgehen, wenn Sie berechtigte Einwendungen haben:

Kleiden Sie Ihre Kritik höflich ein: »Als Stammgast möchte ich Sie darauf hinweisen, daß ...«

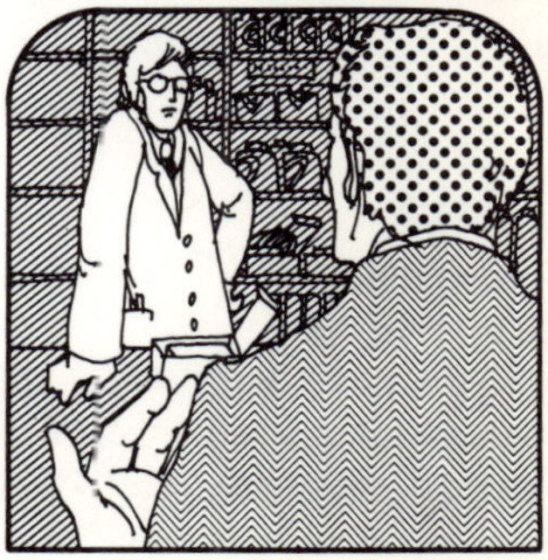

Stufe 3

Ein Verkäufer bedient Sie schlecht und unwillig:

Drücken Sie Ihren Unmut deutlich aus: »Ich wünschte, Sie würden sich etwas mehr Mühe geben!«

Lernen Sie, sich zu wehren!

Stufe 4

Ein Bekannter kränkt Sie mit einer taktlosen Bemerkung:

Wenden Sie sich kommentarlos ab, und gehen Sie. Führen Sie das nächste Wiedersehen nicht aktiv herbei.

Stufe 5

Wenn sich bei nächster Gelegenheit ein solcher Vorfall wiederholt:

Sagen Sie eindeutig Ihre Meinung: »Welchen Anlaß haben Sie, mir das zu sagen?« – »Ihre Bemerkung ist nicht gerade sehr taktvoll!« – »Ihre Stimmung scheint heute nicht die beste zu sein!« – »Ich finde, Sie gehen mit Ihren Äußerungen entschieden zu weit!«

Stufe 6

Üben Sie selbstbewußtes Ja-Sagen:

»Störe ich Sie?« – »Ja, es tut mir leid. Bitte rufen Sie doch später noch einmal an!«
»Halte ich Sie auf?« – »Ja, ich habe noch einiges zu tun.«
»Stört es Sie, wenn ich rauche?« – »Ja, heute schon. Ich bin stark erkältet.«

Stufe 7

Sagen Sie »Nein« – auch wenn Ihnen eine Autoritätsperson gegenübersteht:

»Können Sie das mal eben schnell für mich erledigen?« – »Nein, heute nicht. Morgen habe ich etwas mehr Zeit.«

Stufe 8

Vertreten Sie Ihren eigenen Standpunkt, auch wenn Ihnen widersprochen wird – zunächst in unverbindlichen Situationen, dann gegenüber guten Bekannten, schließlich bei Autoritätspersonen:

»Ihre Meinung ist zwar interessant, aber ich bin trotzdem nicht überzeugt. Ich bin nach wie vor der Auffassung . . .«

Stufe 9

Üben Sie ehrliche Kritik, wenn Ihnen etwas nicht gefällt; zunächst in unverbindlichen Situationen:

»Die Farbe dieses Anzugs sagt mir nicht zu.« – »Das Essen war leider nicht sehr warm.« – »Ich habe lange warten müssen!«

Stufe 10

Sprechen Sie dann guten Bekannten gegenüber berechtigte Kritik aus. Lassen Sie grundsätzlich dem Kritisierten immer einen Ausweg, und fügen Sie eine positive Bemerkung hinzu:

»Du könntest Dir mehr Mühe geben.« – »Mir fällt auf, daß Du in letzter Zeit mir gegenüber oft launisch bist.« – »Du hörst Dir meine Meinung nicht einmal an!«

Stufe 11

Üben Sie, Ihre Mitarbeiter zu kritisieren. Geben Sie Ihre Wünsche deutlich zu verstehen:

»Es würde mir die Arbeit sehr erleichtern, wenn Sie . . .«

Stufe 12

Kritisieren Sie Ihren Chef, treten Sie ihm dabei mit konkreten Argumenten gegenüber:

»Zur Verbesserung der Zusammenarbeit möchte ich gerne einmal mit Ihnen über einen Mißstand sprechen.«

Stufe 13

Wehren Sie die Aggressionen anderer ab:

»Sie gehen jetzt zu weit. Ich bin erst wieder zu einem Gespräch mit Ihnen bereit, wenn Sie Ihren Ton mäßigen!« – »Überlegen Sie sich Ihre Äußerungen besser noch einmal!«

7. Trainingsprogramm

Kinderängste

Kinder machen im Laufe ihrer ersten Lebensjahre bis zur Pubertät eine ganze Reihe von entwicklungsbedingten Ängsten durch (siehe Kapitel 4). Das ist normal. Es ist jedoch unnatürlich, wenn Ängste, die einer bestimmten Entwicklungsstufe entsprechen, beibehalten werden und auch später den Erwachsenen in seinem Verhalten entscheidend einengen. Das können Eltern verhüten, wenn sie mit Hilfe systematischer Trainingspläne unangemessenen Ängsten ihres Kindes entgegenwirken.

Allerdings kann man mit einer falschen »Behandlung« auch sehr viel Schaden anrichten. Beachten Sie deshalb:

- *Behandeln Sie nur Ängste Ihres Kindes, die Sie nachfühlen können, und Furchtreaktionen, die sich auf konkrete, leicht benennbare Objekte (zum Beispiel Hunde) oder Situationen (zum Beispiel Alleinsein) beziehen.*
- *Sorgen Sie dafür, daß nicht ungünstige Umweltbedingungen – oder Sie selbst durch Ihr Verhalten – die Ursache für unerwartet auftretende, heftige Ängste oder für eine generelle übermäßige Ängstlichkeit sind. Plötzliche Vernachlässigung eines Kindes durch die Geburt eines Geschwisterchens, länger andauernde Spannungen zwischen den Eltern, ein jähzorniges Familienmitglied oder unberechenbares Erziehungsverhalten der Erwachsenen können Verhaltensstörungen und damit zusammenhängende Ängste hervorrufen.*
- *Versichern Sie sich, daß Sie nicht selbst durch eigene Ängstlichkeit, Übervorsichtigkeit oder zu große Fürsorge in Ihrem Kind Abhängigkeit und Unsicherheit hervorrufen.*

Testen Sie Ihren Erziehungsstil

Mit dem folgenden kurzen Test können Sie Ihr erzieherisches Verhalten überprüfen. Machen Sie bei jeder der 34 Aussagen ein Kreuz in der Spalte »stimmt«, wenn Sie ihr zustimmen können; wenn nicht, kreuzen Sie »stimmt nicht« an.

	stimmt	stimmt nicht
1 Ich weiß immer sehr genau, was für mein Kind richtig oder falsch ist.	☐	☐
2 Ich habe hin und wieder das Gefühl, daß ich in manchen Dingen mein Kind überfordere.	☐	☐
3 Ich glaube, ich bin sehr nervös.	☐	☐
4 Ich achte darauf, daß mein Kind mir stets seine Probleme anvertraut.	☐	☐
5 Ich glaube, mein Kind würde es merken, wenn ich mich bei einem Gewitter fürchte.	☐	☐
6 Ich vermeide es, über Unglücksfälle zu reden.	☐	☐
7 Ich glaube, mein Kind benimmt sich schlechter als andere Kinder.	☐	☐
8 Ich mache mir manchmal Vorwürfe, daß ich mein Kind voreilig gestraft habe.	☐	☐

	stimmt	stimmt nicht
9 Ich glaube, es ist manchmal notwendig, daß ich dem Kind meine Überlegenheit zeige.	☐	☐
10 Ich finde, mein Kind sollte sorgfältiger mit seinem Spielzeug umgehen.	☐	☐
11 Wenn mein Kind irgendeinen Sachverhalt oder Vorgang schildern soll, drückt es sich meist sehr umständlich und zeitraubend aus.	☐	☐
12 Ich versuche, sexuelle Dinge von meinem Kind möglichst fernzuhalten.	☐	☐
13 Ich überlege sehr lange, bevor ich mich auf eine neue Sache einlasse.	☐	☐
14 Mein Kind muß mehr als andere Kinder zur Vorsicht gemahnt werden.	☐	☐
15 Ich achte darauf, daß mein Kind alles aufißt, was auf den Tisch kommt.	☐	☐
16 Mein Kind stellt sich häufig ungeschickt an.	☐	☐
17 Ich bin mit meinem Ehepartner oft nicht einig, welche Strafe unser Kind bekommen soll.	☐	☐

18 Bei der Auswahl der Spielgefährten meines Kindes habe ich ein wichtiges Wort mitzureden.	☐	☐
19 Ich lese nur ungern Bücher, in denen von dem Unglück anderer die Rede ist.	☐	☐
20 Es hat bei meinem Kind immer Erfolg, wenn ich ihm mit dem »schwarzen Mann« drohe.	☐	☐
21 Mein Kind müßte viel vorsichtiger werden.	☐	☐
22 Ich denke manchmal an den Tag, da mein Kind das Elternhaus verlassen wird.	☐	☐
23 Wenn mein Kind sich verspätet oder herumtrödelt, lasse ich es meinen Ärger spüren.	☐	☐
24 Ich glaube, mein Kind macht sich beim Spielen schmutziger als andere.	☐	☐

Testen Sie Ihren Erziehungsstil

	stimmt	stimmt nicht
25 Sollte mein Kind eine schlechte Note nach Hause bringen, würde ich wahrscheinlich mit ihm schimpfen.	☐	☐
26 Ich achte stets darauf, daß die Hände meines Kindes sauber sind.	☐	☐
27 Mein Kind ist vergeßlicher als andere.	☐	☐
28 Ich finde, Strafe kann ein Kind vom Bettnässen abhalten.	☐	☐
29 Mein Kind müßte ordentlicher werden.	☐	☐
30 Ich habe oft Angst, meinem Kind könnte etwas zustoßen.	☐	☐
31 Es wäre mir sehr peinlich, wenn sich mein Kind bei fremden Leuten danebenbenehmen würde.	☐	☐
32 Mein Kind gehorcht schlechter als andere Kinder.	☐	☐
33 Wenn ich schlechter Laune bin, kommt es vor, daß ich mein Kind härter als sonst bestrafe.	☐	☐
34 Ich glaube, für ein Kind ist es eine Lehre, wenn es sieht, wie andere bestraft werden.	☐	☐

Testauswertung

Beachten Sie die Auswertungsergebnisse genau, bevor Sie eines der dann folgenden Trainingsprogramme mit Ihrem Kind durchführen.

Wenn Sie weniger als 5mal »stimmt« angekreuzt haben:
Sie zählen zu den »vernünftigen« Eltern, die wissen, was ihr Kind braucht. Wenn Ihr Kind körperlich gesund ist und trotzdem unter unangemessenen Ängsten leidet, dürfen Sie es mit einem der folgenden Trainingspläne versuchen.

Wenn Sie 6- bis 10mal »stimmt« angekreuzt haben:
Sie machen bei der Erziehung im Grunde genommen nicht mehr und nicht weniger falsch als die anderen Eltern auch. Vielleicht sollten Sie manchmal über Ihr Verhalten dem Kind gegenüber nachdenken: Bevor Sie es belohnen oder bestrafen, sollten Sie sich genau überlegen, was Sie wirklich damit erreichen wollen. Und stellen Sie nicht allzu große Erwartungen an Ihr Kind.

Wenn Sie mehr als 10mal »stimmt« angekreuzt haben:
Sie sollten keinesfalls eines der folgenden Trainingsprogramme gegen Kinderängste anwenden, ohne vorher mit einem Arzt oder – noch besser – mit einer Erziehungsberatungsstelle gesprochen zu haben. Sie müssen sich auf jeden Fall fragen, ob Sie nicht zu gewissenhaft, zu streng oder auch zu ängstlich sind. Aber: Bevor Sie eigene Maßnahmen ergreifen, lassen Sie sich psychologisch beraten.

Überwindung von Kinderängsten
Allgemeine Prinzipien

Gehen Sie bei der Behandlung Ihres Kindes systematisch vor. Studieren Sie intensiv die vorangegangenen Abschnitte dieses Buches – auch wenn Sie selbst nicht unter Ängsten leiden. Vieles davon gilt auch für die Behandlung von Kinderängsten.

Folgende Grundregeln gelten stets, wenn Sie Ängste Ihres Kindes überwinden wollen:

1. Das Kind sollte sich dem angsterregenden Objekt in kleinen, leicht zu bewältigenden Einzelschritten nähern können. Stellen Sie deshalb zuerst einen Trainingsplan auf (wie in den Trainingsprogrammen 4 oder 5).

2. Wiederholen Sie jeden Einzelschritt so lange mit Ihrem Kind, bis er völlig angstfrei bewältigt werden kann.

3. Um eine möglichst nachhaltige Wirkung zu erzielen, sollten Sie danach den jeweils angstfrei gemachten Einzelschritt noch am selben Trainingstag mindestens drei- bis fünfmal wiederholen.

4. Bereits angstfrei bewältigte Schritte sollten Sie auch an späteren Tagen – konsequent in der gleichen Reihenfolge – wiederholen. Denn besonders bei Kindern ist manchen Reizen gegenüber mit starken Schwankungen der Angstintensität zu rechnen. (Ein Hund, der montags keine Angst auslöst, erscheint freitags vielleicht furchterregend.)

5. Legen Sie Pausen zwischen den einzelnen Schritten ein. Ihr Kind darf auf keinen Fall durch ein zu forciertes Trainingsprogramm überfordert werden.

6. Überspringen Sie keine Stufen im Trainingsprogramm – etwa weil Ihr Kind einen »guten Tag« hat! Sie dürfen auch nicht zu schnell vorgehen – dann besteht Rückfallgefahr!

7. Treten auf einer bestimmten, bereits bewältigten Programmstufe wieder Ängste auf, müssen Sie sofort auf eine Trainingsstufe zurückgehen, die Ihr Kind angstfrei erleben kann. Unter Umständen sind Zwischenstufen einzufügen.

Ein Kind kann das Entspannungstraining nicht so leicht erlernen und auch seine Vorstellungen nicht ohne weiteres unter bewußter Kontrolle halten. Deshalb gehen wir bei der Behandlung von Kinderängsten nach dem Prinzip der Gewöhnung durch systematisches »wohldosiertes« Aufsuchen der angsterregenden Situation in der Realität vor. Die Wirksamkeit dieser Methode beruht auf dem psychologischen Gesetz der *Löschung* von Angstkonditionierungen (siehe Seite 35) oder – bei angeborenen Ängsten – der *Adaptation* (siehe Seite 22).

Ein weiteres Prinzip spielt bei der Behandlung von Kinderängsten – wie bei vielen kindlichen Lernprozessen – eine wesentliche Rolle: Das *»Lernen am Modell«,* also am Vorbild (siehe Seite 54). Vorbild sein kann der Vater, die Mutter, ein Spielkamerad, ja sogar eine Puppe – je nach Situation.

Wie wird das »Lernen am Modell« eingesetzt?

Eine Person, die dem Kind nahesteht – und deren Verhalten natürlicherweise vom Kind leicht nachgeahmt wird –, führt jeden Schritt im Stufenprogramm einzeln vor und fordert das Kind auf, es nachzumachen. Wichtig ist dabei, daß die Aufmerksamkeit des Kindes auf das nachzuahmende Verhalten gerichtet ist.

Überwindung von Kinderängsten
Allgemeine Prinzipien

Außerdem muß jeder Schritt dem Entwicklungsstand des Kindes gemäß sein. Das Kind muß die neuen Verhaltensweisen begreifen und selber nachvollziehen können. Es nützt zum Beispiel gar nichts, wenn man einem Kind, das Angst vor dem Wasser hat, einen Kopfsprung vormacht. Es beherrscht ja die davor liegenden Stufen der Verhaltenskette noch nicht.

Neben der Adaptation, der Löschung und dem Lernen am Modell sollten Sie noch zwei weitere psychologische Prinzipien bei der Überwindung von Kinderängsten anwenden:

Das erste ist das Prinzip der *»reziproken Hemmung«* (siehe Seite 53): Wenn Sie – etwa durch ein Stück Schokolade – Nahrungsreaktionen in Gang setzen, wirkt das beruhigend. Neugierverhalten und systematische Ablenkung, zum Beispiel durch ein Spielzeug, trägt ebenso dazu bei, aufkommende Angstreaktionen zu hemmen. Versuchen Sie vor allem, in Ihrem Kind positive Emotionen hervorzurufen, die mit Angst unvereinbar sind. Sehr erfolgreich ist zum Beispiel das Rollenspiel: »Du bist jetzt die Mutter und zeigst mir, wie sie ins Wasser geht!«

Angstfreies Verhalten kann Ihr Kind nicht von heute auf morgen erlernen. Gehen Sie deshalb nach dem Prinzip des *Verstärkungslernens* vor: Gehen Sie bei Ihrer Behandlung ruhig und liebevoll mit Ihrem Kind um und vor allem – bestärken Sie es in seinem nichtängstlichen Verhalten sofort durch deutliches Lob und andere Formen der liebevollen Zuwendung.

Vermeiden Sie unbedingt:

- *Forcierte Konfrontation mit den Angstreizen (Ihr Kind ist kein Goethe!) durch physische Gewalt (zum Beispiel das Kind ins Wasser zu werfen) oder moralischen Druck.*
- *Soziale Bestrafung oder Ächtung wie Auslachen oder Ausdrücke wie »Du Angsthase«, »Feigling« – besonders vor anderen Kindern.*
- *Versuche, dem Kind die Angst durch falsch verstandenes »Lernen am Modell« abzugewöhnen (dem Kind zum Beispiel ständig das angstfreie Verhalten anderer Spielkameraden vorzuhalten).*
- *Verstärkung des ängstlichen Verhaltens, zum Beispiel durch übermäßige Zuwendung oder übertriebene Tröstung, wenn Ihr Kind vor dem angstauslösenden Reiz zurückscheut. (Es ist für Mutter oder Vater durchaus verführerisch, dem eigenen Bedürfnis, ein hilfloses Kind zu beschützen oder gar von sich abhängig zu sehen, nachzugeben. Wir müssen uns also selber sorgfältig kontrollieren!)*
- *Bestrafung für ängstliches Verhalten oder auch nur Tadel oder Androhung negativer Konsequenzen. (Zum Beispiel: »Wenn Du jetzt nicht endlich ins Wasser gehst, bekommst Du heute abend keinen Pudding!«)*

Stufenplan: Überwindung von Wasser-Angst

Bevor Sie mit Ihrem Kind trainieren, stellen Sie einen systematischen Stufenplan auf. Bei der Behandlung selbst müssen Sie sich streng an die Regeln auf Seite 120 und 121 halten. Das folgende Stufenprogramm ist nur ein Vorschlag. Sie wissen selbst am besten, welchen Schwierigkeitsgrad die einzelnen Stufen für Ihr Kind haben. Fügen Sie deshalb nach Bedarf weitere Stufen ein, oder ändern Sie die Reihenfolge. Es ist für ein Training im Schwimmbad am flachen Planschbecken gedacht; wenn Sie am Strand üben, wandeln Sie die Stufen sinngemäß ab.

Stufe 1
Plätschern Sie mit der Hand vom Rand aus im Wasser. Lassen Sie Ihr Kind dabei zusehen.

Stufe 2
Ihr Kind plätschert ebenfalls mit der Hand im Wasser.

Stufe 3
Werfen Sie einen Gummiball, eine Ente oder ähnliche Dinge ins Wasser, und beobachten Sie gemeinsam, wie sie schwimmen.

Stufe 4
Ihr Kind wirft solche Gegenstände selbst hinein.

Stufe 5
Setzen Sie sich mit Ihrem Kind an den Rand des Beckens, und planschen Sie mit einem Fuß im Wasser. Fordern Sie Ihr Kind auf, es Ihnen nachzumachen.

Stufe 6
Wiederholen Sie das gleiche mit beiden Beinen.

Stufe 7
Stellen Sie sich gemeinsam mit dem Kind in etwa knietiefes Wasser. Stellen Sie sich vor das Kind, und verhindern Sie so den Blick auf die weite, angstauslösende Wasserfläche.

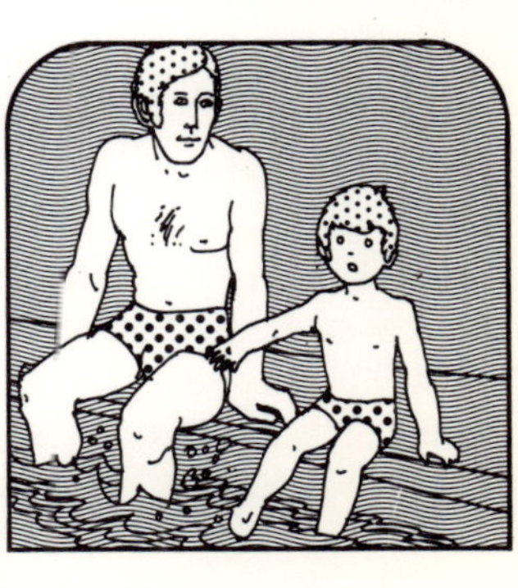

Stufe 8
Gehen Sie ein, zwei Schritte zurück, und lassen Sie das Kind auf sich zugehen.

Stufe 9
Spielen Sie in dieser Position mit dem Ball.

Stufe 10
Stellen Sie sich neben das Kind, und üben Sie gemeinsam das Springen im Wasser.

Stufe 11
Üben Sie das Springen auf einem Bein.

Stufe 12
Wiederholen Sie die Stufen 6 bis 10 nach und nach in immer tieferem Wasser (etwa bis in Brusthöhe des Kindes).

Stufe 13
Springen Sie gemeinsam mit Ihrem Kind, und ziehen Sie dabei jeweils beide Beine kurz hoch.

Stufe 14
Wiederholen Sie die Stufen 6 bis 12 mehrmals, wobei Sie Ihre Hilfestellung mehr und mehr ausblenden und sich zurückziehen. Wenn Sie feststellen, daß Ihr Kind allein im Wasser keine Angst mehr verspürt, schauen Sie ihm nur noch vom Beckenrand aus zu.

Stufe 15
Wenn Ihr Kind bei den spielerischen Bewegungen im Wasser auch dann keine Angst mehr zeigt, wenn ihm das Wasser bis unter das Kinn reicht, können Sie allmählich zu Schwimmübungen übergehen.

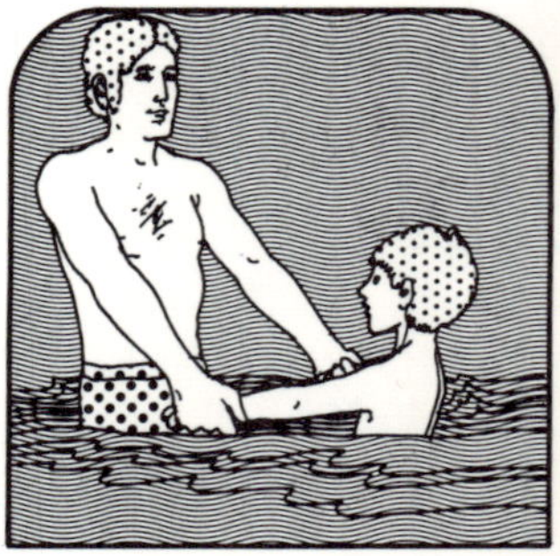

Angst vor dem Alleinsein

Wenn Ihr Kind Angst davor hat, allein in seinem Zimmer zu bleiben, gewöhnen Sie es nach einem systematischen Stufenplan an den Angstreiz »Alleinsein«. Die Prinzipien, die Sie bei diesem Trainingsprogramm anwenden, sind die Verstärkung und das »wohldosierte Aufsuchen« durch langsame Annäherung an den furchtauslösenden Reiz. Die »Annäherung« besteht darin, daß die Bezugsperson sich Stufe für Stufe zurückzieht. Dieser Prozeß muß langsam vor sich gehen und wird sich – je nach Fortschritt – über Tage oder Wochen hinziehen.

Stufe 1

Ihr Kind befindet sich gemeinsam mit Ihnen in seinem Spielzimmer.

Stufe 2

Sie verlassen das Zimmer, lassen aber die Tür weit geöffnet, so daß Ihr Kind Sie noch sehen kann.

Stufe 3

Sie lehnen die Tür an, sprechen aber von Zeit zu Zeit mit Ihrem Kind.

Stufe 4

Sie schließen die Tür, bleiben aber in Rufkontakt mit Ihrem Kind.

Stufe 5

Die Tür bleibt geschlossen; der Rufkontakt ist nicht mehr möglich.

Stufe 6

Sie verlängern allmählich die Dauer des Alleinseins.

Angst im Dunkeln

Belohnen Sie Ihr Kind jedesmal, wenn es eine Stufe angstfrei bewältigt hat.

Halten Sie sich im übrigen an die Grundregeln auf Seite 120 und 121. Besonders wichtig ist es, beim Auftreten von Angst sofort eine Stufe zurückzugehen und einen Übungstag auf jeden Fall mit einer angstfrei bewältigten Stufe zu beenden.

Bei Angst im Dunkeln gehen Sie ganz ähnlich vor. Hier einige Vorschläge:

1. Üben Sie mit Ihrem Kind spielerisch den Aufenthalt im dunklen Zimmer.
2. Lassen Sie Abend für Abend etwas weniger Licht im Zimmer – zunächst, indem Sie die Lampe nach und nach immer mehr abdunkeln und später, indem Sie die Tür zum (beleuchteten) Flur immer weiter schließen.

Wenn Ihr Kind keine Angstreaktionen zeigt, zum Beispiel nicht nach Ihnen ruft, belohnen Sie es dann.

Überwindung von Schulangst

Wenn Ihr Kind vor dem ersten Schuljahr Angst vor der Schule hat, können Sie nach folgendem Stufenplan vorgehen:

Stufe 1
Suchen Sie gemeinsam mit Ihrem Kind häufig den Schulhof und das Schulgebäude auf.

Stufe 2
Gehen Sie mit Ihrem Kind in das Gebäude. Schauen Sie gemeinsam dem Umherlaufen und Spielen anderer Kinder zu.

Stufe 3
Lassen Sie sich vom Schulleiter die Erlaubnis geben, außerhalb der Unterrichtszeit in ein leeres Klassenzimmer zu gehen. Halten Sie sich mit Ihrem Kind dort auf.

Stufe 4
Holen Sie einen geeigneten Schüler als Spielgefährten hinzu. Beschäftigen Sie die Kinder mit Malen, Basteln oder einem Spiel.

Stufe 5
Gehen Sie jetzt vor die Tür, bleiben Sie aber in Rufkontakt mit Ihrem Kind.

Stufe 6
Entfernen Sie sich von der Tür, warten Sie aber noch in der Nähe des Klassenzimmers.

Stufe 7
Versuchen Sie dann, Ihr Kind während des Unterrichts eine kurze Zeit lang als Gast in einer Klasse zu lassen. Sie warten vor der Tür.

Stufe 8
Lassen Sie Ihr Kind nach und nach etwas länger in dem Klassenzimmer. Sie warten in der Nähe.

Stufe 9
Sie warten draußen vor der Schule und holen Ihr Kind zu einer bestimmten Zeit ab. Beschäftigen Sie es während des Aufenthalts in der Klasse mit Mal- oder Bastelarbeiten.

Der Weg zum Therapeuten

Der direkte Weg zum Psychotherapeuten führt über das Branchen-Telefonbuch. Wenn Sie also – ohne vorherige Visite beim Hausarzt – Rat und Hilfe eines Therapeuten einholen möchten, sollten Sie im Branchenverzeichnis unter der Rubrik Ärzte *nachschlagen und dort unter* Psychotherapie. *Auch unter der Rubrik* Psychologen *und* Psychagogen *finden Sie entsprechende Adressen. Es gibt allerdings verschiedene psychotherapeutische Richtungen und Heilmethoden, und in den meisten Fällen ist im Telefonbuch nicht angegeben, welcher Richtung der betreffende Therapeut angehört. Wenn Sie genauere Auskünfte wollen, rufen Sie deshalb das Psychologische Institut der nächstgelegenen Universität, eine Psychosomatische oder Psychiatrische Klinik an. Dort kann man Ihnen entsprechende Namen und Adressen in Ihrer Umgebung nennen.*

Mit Erziehungsproblemen und Verhaltensstörungen bei Ihren Kindern wenden Sie sich an eine der kommunalen, staatlichen oder kirchlichen Erziehungsberatungsstellen. Auch die für Sie zuständigen Jugendämter und Gesundheitsbehörden geben Auskunft.

Nachstehend sind noch einige Institute und Berufsverbände aufgeführt, die Ihnen – außer den genannten Kontaktstellen – den Weg zum Therapeuten erleichtern können:

Berufsverband der deutschen Verhaltenstherapeuten
44 Münster/Westf.
Rosenstraße 9

Gesellschaft zur Förderung der Verhaltenstherapie e. V. (GVT)
8 München 23
Parzivalstraße 25

Max-Planck-Institut für Psychiatrie
8 München 23
Kraepelinstraße 10

Sektion Klinische Psychologie im Berufsverband Deutscher Psychologen e. V.
5 Köln 41
Erkelenzer Straße 10

Deutsche Gesellschaft für Tiefenpsychologie und Psychotherapie e. V.
1 Berlin 37
Am Schlachtensee 2

Literaturnachweis

Das Material, das in diesem Buch verarbeitet wurde, – insbesondere auch die Anregungen für die Entwicklung der einzelnen Tests – stammen zum Teil aus den im folgenden genannten Veröffentlichungen.

*Wenn Sie sich weiter mit dem Thema »Angst« und mit Theorie und Praxis der Verhaltenstherapie befassen wollen, empfehlen wir das Studium der mit * gekennzeichneten Bücher.*

* BACHMANN, C. H.: Psychoanalyse und Verhaltenstherapie. Frankfurt a. M. 1972.

EGGERT, D.: Untersuchungen zur psychometrischen Eignung eines neuen Fragebogens der neurotischen Tendenz und der Extraversion von Eysenck (EPI). In: E. DUHM (Hrsg.): Praxis der Klinischen Psychologie. Bd. II. Göttingen 1971.

* EYSENCK, H.-J.: Fact and Fiction in Psychology. Harmondsworth 1965.

* EYSENCK, H.-J. und S. RACHMAN: Neurosen – Ursachen und Heilmethoden. Berlin 1967.

FAHRENBERG, J.: Psychophysiologische Persönlichkeitsforschung. Göttingen 1967.

* FLORIN, I. und W. TUNNER: Behandlung kindlicher Verhaltensstörungen. 3. Aufl. München 1972.

* GRAY, J. A.: Angst und Streß – Entstehung und Überwindung von Neurosen und Frustrationen. München 1971.

HERRMANN, T.: Lehrbuch der empirischen Persönlichkeitsforschung. Göttingen 1972.

LANDY, F. J. and L. A. GAUPP: A Factor Analysis of the Fear Survey Schedule – III. In: Behav. Res. & Therapy 9 (1971) S. 89–93.

LAWLIS, F. G.: Response Styles of a Patient Population on the Fear Survey Schedule. In: Behav. Res. & Therapy 9 (1971) S. 95–102.

* MEYER, V. und E. S. CHESSER: Verhaltenstherapie in der klinischen Psychiatrie. Stuttgart 1971.

MILNER, P. M.: Physiological Psychology. New York 1970.

* RACHMAN, M. A. und J. B. BERGOLD: Verhaltenstherapie bei Phobien. München, Berlin u. Wien 1970.

* SCHWARZ, D. und E. SEDLMAYR: Befreiung von der Neurose – Die neuen Methoden der Verhaltenstherapie. Düsseldorf u. Köln 1971.

SPREEN, O.: Konstruktion einer Skala zur Messung der manifesten Angst in experimentellen Untersuchungen. In: Psychologische Forschung 26 (1961) S. 205–223.

WOLPE, J. and A. LAZARUS: Behavior Therapy Techniques. Oxford 1966.